frechverlag

Draußen dekorieren

Ganzjährige Deko-Ideen für Garten & Balkon

Inhaltsverzeichnis

Lustige Schneemänner

Diese beiden Schneemänner gleichen sich – bis auf die Fliege! Beachten Sie die Anleitung auf Seite 6. Beginnen Sie beim Bemalen mit der weißen Farbe. Zum Schluss werden Gesichter und Kohlenknöpfe mit einem schwarzen Lackstift oder dünnem HOLZ-PEN aufgemalt.

Motivhöhe
ca. 20 cm

Material
- Fichtenleimholz, 18 mm dick
- HOLZ-PEN, fein, schwarz
- HOLZ-PEN, breit, weiß, rot, schwarz, blau

Vorlage Seite 88

AutorInnen:
Maria-Regina & Michael Altmeyer (S. 28, 32, 55)
Monika & Nicole Helbig (S. 47-49, 60, 62, 63, 65-67, 74, 75, 78-83, 86)
Gudrun Hettinger (S. 14, 18, 20, 22, 50-53)
Andrea Hochstrat (S. 13, 17, 23, 26/27, 84, 85)
Sieglinde Holl (S. 56/57, 61)
Sabine Kapeller (S. 36/37, 45, 70-73)
Ruth Burgos/Lena Richter (S. 34, 38-41)
Angelika Kipp (S. 12, 25, 29)
Silke Kobold (S. 42, 43, 77)
Kornelia Milan (S. 44, 54, 76)
Angelika Nowotny (S. 16, 24)
Armin Täubner (S. 2, 15, 19, 21, 29-31, 33, 87)
Linde Schüro (S. 68/69)
Hannelore Süß (S. 58/59, 64)

Fotos: frechverlag GmbH + Co. Druck KG, 70499 Stuttgart; conAction, Frank Busch, Stuttgart
Fotostudio Ullrich & Co., Renningen; Fotostudio Täubner; Friedhelm Raffel

Auflage: 5. 4. 3. 2. 1. | Letzte Zahlen
Jahr: 2006 2005 2004 2003 2002 | maßgebend

frechverlag GmbH + Co. Druck KG, 70499 Stuttgart
ISBN 3-7724-2921-1 · Best.-Nr. 2921
Druck: frechverlag GmbH + Co. Druck KG, 70499 Stuttgart

Zuhause möchte jeder sich wohlfühlen. Man bemüht sich, das eigene Heim auch wirklich heimelig zu gestalten.
Doch was ist mit dem Garten, dem Eingangsbereich oder dem Balkon? Haben Sie daran schon mal gedacht? Dass es hierfür genauso viele Gestaltungsmöglichkeiten gibt, zeigt dieses Buch. Hier finden Sie Blumenstecker, Windräder, Windlichter, Vogelhäuschen, Willkommensgrüße und vieles mehr zum Selbermachen. Ausführliche Anleitungen und viele Abbildungen und Vorlagen helfen Ihnen dabei. Lassen Sie sich von unseren Vorschlägen inspirieren und fühlen Sie sich das ganze Jahr hindurch in Ihrem Garten oder auf Ihrem Balkon wohl – bei jedem Wetter!

Viel Freude beim Dekorieren – drinnen und draußen!

Moosgummi

Material und Werkzeug

- Moosgummi in verschiedenen Farben, 3 mm, 2 mm und 1 mm stark
- Moosgummi, bunt gemustert
- Moosgummi-Röllchen
- Transparentpapier
- Wackelaugen in verschiedenen Größen
- Dünne Pappe
- Weicher Bleistift oder heller Buntstift
- Wasserfester Filzstift in Rot und Schwarz
- Filzstift in Schwarz (dünne Strichstärke)
- Schere, Zackenschere
- Cutter
- Schneideunterlage
- UHU Alleskleber und UHU Kraft
- Lineal
- Messingstäbe
- Kreisschneider

Beachten Sie auch die Material-Hinweise bei den Anleitungen.

Tipps

- Verwenden Sie zum Ausschneiden der Teile ein Schneidemesser mit einer scharfen Klinge, da sonst die Schnittstellen unsauber werden. Kinder sollten aufgrund der Verletzungsgefahr eine Schere benutzen! Beim Schneiden sollte man so selten wie möglich absetzen, da sonst unsaubere Schnittstellen entstehen.
  Beim Schnitt mit der Schere kommt es zu einer schrägen Schnittkante, die dem Stecker ein plastisches Aussehen verleiht.
- Zum Aufkleben der einzelnen Teile sowie zum Befestigen des Messingstabs auf der Rückseite benötigen Sie unbedingt einen Kraftkleber wie z.B. UHU Kraft. Tragen Sie den Klebstoff sparsam auf, damit er nicht hervorquillt. Nach dem Aufkleben wölbt sich das Moosgummi. Drücken Sie es dann noch einmal fest an.

Schritt für Schritt erklärt

1. Legen Sie das Transparentpapier auf das ausgewählte Motiv auf der Vorlage und übertragen Sie mit einem Stift die Einzelteile ohne Überschneidungen. Kleben Sie nun das bemalte Transparentpapier auf eine dünne Pappe und schneiden Sie die Einzelteile heraus. Legen Sie die Schablone auf das Moosgummi und umfahren Sie sie mit einem weichen spitzen Bleistift oder einem dünnen schwarzen Filzstift. Bei dunklem Moosgummi verwenden Sie einen hellen Buntstift.

2. Schneiden Sie die Figur mit einem Schneidemesser (Kinder nehmen eine Schere) aus. Die einzelnen Teile werden mit Kraftkleber befestigt. Je nach Anleitung oder Wunsch wird ein Motiv noch mit Windowcolor verschönert (Seite 25).

3. Der Messingstab wird auf der Rückseite befestigt. Wenn der Stab nicht sichtbar sein soll, bekleben Sie die Rückseite deckungsgleich. Sie können auch im Handel erhältliche Moosgummi-Röllchen aufkleben und die Stäbe dort einstecken.

1.

2.

3.

Windräder

Material und Werkzeug

- Konusplättchen, ø 1,5 und 2 cm
- Weicher Kupferdraht, ø 1 bis 1,2 mm
- Bohrmaschine mit Holzbohrer, ø 1,5 bis 2 mm
- Schnitzmesser
- Rundzange zum Biegen der Drahtösen
- Lochzange
- Schere bzw. Cutter
- Schneideunterlage
- Seitenschneider oder Flachzange zum Abschneiden des Drahtes
- Zirkel
- Bleistift
- Lineal bzw. Geodreieck
- Klebstoff

Beachten Sie auch die Material-Hinweise bei den Anleitungen.

Tipps

- Fertigen Sie sich unbedingt Schablonen an. Sie erleichtern das Übertragen der Motive auf den Tonkarton. Pausen Sie dazu alle Teile von der Vorlage auf Transparentpapier ab, kleben Sie das Transparentpapier auf einen dünnen Karton und schneiden Sie die Teile aus.
- Bei flachen Windrädern sollte zwischen Stab und Windrad zusätzlich zur Holzperle noch ein Konusplättchen mit Bohrung angebracht werden. Sie erhalten sie in Baumärkten oder Holzfachmärkten. Diese kleine Holzscheibe kann entweder nur aufgesteckt oder direkt ans Windrad angeklebt werden. Sie verhindert, dass das Windrad wackelt.
- Manche Windräder drehen sich nicht, weil der Abstand zwischen Stab und Windrad zu klein ist. In diesem Fall werden anstelle einer Holzperle zwei aufgesteckt.

Schritt für Schritt erklärt

Befestigung des Drahtes am Rundholzstab

Durchbohren Sie den Rundholzstab etwa 1 cm vom Stabende entfernt und stecken Sie ein 20 cm langes Drahtstück so weit in die Bohrung, dass es auf der Gegenseite etwa 5 cm herausragt. Drehen Sie nun die beiden Drahtenden um den Stab mit einer Flachzange auf einer Länge von ca. 1 cm zusammen. Das überstehende Ende des kurzen Drahtes wird abgezwickt. Auf das lange Ende stecken Sie eine Holzperle, dann das Windrad und eine weitere Holzperle, bevor das Drahtende mit der Rundzange zu einer Öse gebogen wird. Wenn Sie keine Bohrmaschine mit einem feinen Holzbohrer haben, schneiden Sie mit dem Schnitzmesser etwa 1 cm vom Stabende entfernt rings um den Stab eine Kerbe. Biegen Sie nun ein 20 cm langes Drahtstück nach 5 cm zu einem Haken und hängen diesen an der Kerbe ein. Die Drahtenden drehen Sie mit der Flachzange zusammen.

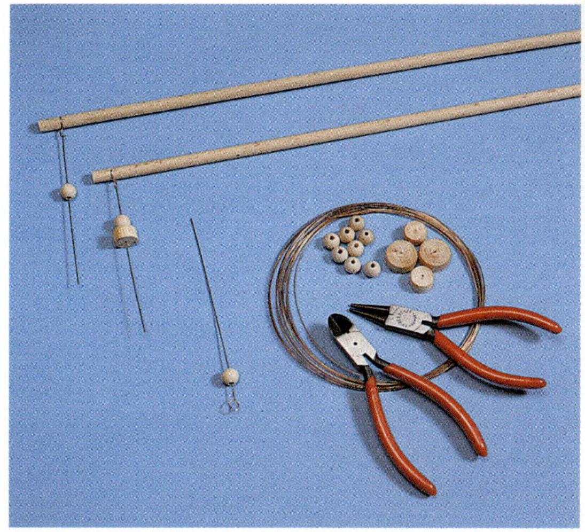

Laubsägearbeiten

Material und Werkzeug

- Sperrholz (wasserfest verleimt) aus Birkenholz
- Transparentpapier
- Bleistift
- Kohlepapier
- Klebefilm
- Kugelschreiber
- Acryllack: glänzend oder seidenmatt
- Farblose Dickschichtlasur: Klarlack oder Bootslack
- Lackstift, schwarz
- Holzleim, wasserfest
- Kraftkleber
- Synthetikhaarpinsel in den Größen 1, 3, 5, 12
- HOLZ-PEN
- Rundholzstäbe aus Buchenholz
- Handlaubsäge oder Dekupiersäge
- Laubsägebogen
- Sägetischchen
- Schraubblätter
- Sägeblätter für Holz
- Bohrmaschine, Holzbohrer
- Schmirgelpapier, Körnung 120 bis 160
- Holzklötzchen
- Rundkopfstifte aus Messing

Beachten Sie auch die Material-Hinweise bei den Anleitungen.

Tipps

- Dünne Sägeblätter mit feiner Zahnung (Nr. 1) benötigen Sie bei feinen, filigranen Schnitten und dünnem Sperrholz. Bei dickerem Holz wählt man eine gröbere Zahnung. Bei zu feinen Sägeblättern würden die Blätter im dicken Holz schnell reißen. Wählt man jedoch eine zu grobe Zahnung für dünnes Sperrholz, so würde das Holz an der Schnittkante ausreißen.
- Kleine Löcher bohren Sie mit einer Bohrmaschine. Legen Sie immer ein Stückchen Abfallholz an der zu bohrenden Stelle unter das Werkstück, damit das Holz auf der Rückseite nicht ausreißt.

Schritt für Schritt erklärt

1. Glätten Sie zuerst mit Schmirgelpapier die Vorder- und Rückseite des Holzstücks, das Sie aussägen wollen. Pausen Sie das Motiv mit Bleistift von der Vorlage auf Transparentpapier. Legen Sie das durchgepauste Bild auf die Holzplatte. Dazwischen schieben Sie einen Bogen Kohlepapier mit der eingefärbten Seite nach unten. Fixieren Sie das Transparentpapier mit Klebestreifen auf der Holzplatte. Nun werden die Konturen z.B. mit Kugelschreiber auf das Holz durchgedrückt. ! Achtung: Aus technischen Gründen sind nicht alle Vorlagen in Originalgröße abgedruckt. Kopieren Sie sie mit dem angegebenen Vergrößerungsfaktor oder nach Wunsch auf eine andere Größe.

2. Schrauben Sie das Sägeblatt auf einer Seite zwischen den Klemmbacken fest. Dann drücken Sie den Bogen der Säge etwas zusammen und schrauben die andere Seite des Sägeblattes fest. Schrauben Sie jetzt das Sägetischchen mit einer Schraubzwinge an der Arbeitsplatte fest. Legen Sie das Sperrholz auf das Sägetischchen und halten Sie es mit einer Hand fest. Die andere Hand führt die Säge senkrecht von oben nach unten durch das Holz. Jedoch nicht zu sehr nach vorne schieben. Dann wieder locker aufwärts führen. Bei sehr engen Kurven sägen Sie auf der Stelle und drehen das Holz in die gewünschte Richtung. Auf gar keinen Fall die Säge in die neue Richtung drehen, da sich sonst das Sägeblatt verdrehen und reißen würde. Sie können auch in sehr spitzen Winkeln ein kleines Loch vorbohren. Bei Dekupiersägen erhalten Sie eine saubere Schnittkante, wenn Sie Presspappe unter das Holz legen.

3. Nehmen Sie die notwendigen Bohrungen vor und runden Sie die Außenkanten mit Schmirgelpapier etwas ab. Mit einem weichen Lappen müssen Sie alle Holzteile entstauben.

4. Alle Teile grundieren Sie jetzt mit verdünntem (!) weißem Acryllack (Verhältnis: 1 Teil Wasser auf 2 Teile Lack). Dadurch werden die fertigen Werke haltbarer und die Farben des zweiten Malarbeitsganges leuchten besonders schön. Bemalen Sie zuerst die Ränder und dann die Vorder- und Rückseite. Nachdem die Grundierung getrocknet ist, können Sie die aufgemalten Konturen wieder deutlich erkennen.

5. Mit buntem Lack oder HOLZ-PEN bemalen Sie die Holzteile von vorne und hinten. Immer zuerst die Ränder, dann können diese auch nicht vergessen werden. Dieser Anstrich muss wieder gut trocknen, am besten über Nacht. Eilige können auch mit dem Föhn nachhelfen!

6. Mit dem Lackstift zeichnen Sie die aufgemalten Konturen nach. Dann wird das fast fertige Werk nur noch einmal mit farbloser Dickschichtlasur überzogen, damit es haltbar, schmutz- und staubabweisend wird und einen schönen Glanz erhält.

Terrakotta

Material und Werkzeug

- Terrakotta-Töpfe
- Terrakotta-Figuren
- Terrakotta-Pen
- Ggf. Pinsel
- Gießpulver, Gießformen
- Pauspapier
- Bleistift
- Klebestreifen
- Schmirgelpapier, Messer

Beachten Sie auch die Material-Hinweise bei den Anleitungen.

Tipps

- Die Motive werden mit Pauspapier und spitzem Bleistift auf den Topf übertragen und dann bemalt. Befestigen Sie die Vorlage mit Klebestreifen. Abschließend kann je nach Verwendungszweck noch ein Schutzlack aufgetragen werden.
- Durch Abkleben mit einem Klebeband erzielen Sie exakte Konturen, z.B. bei der Randgestaltung der Töpfe oder bei grafischen Mustern.

Reliefgießen
Unbedingt das vom Hersteller angegebene Mischungsverhältnis von Wasser und Gießpulver einhalten! Gießpulver wird in Terrakotta oder zum Einfärben angeboten. Gießpulver unter Rühren langsam in das Wasser streuen und in eine Richtung klumpenfrei durchrühren. Reliefform zu einem Drittel mit Gießmasse füllen, mit einem Borstenpinsel gleichmäßig verstreichen und danach zügig ausgießen. Etwas rütteln bzw. auf dem Untergrund aufschlagen, damit Luftbläschen entweichen können. Form plan ausrichten. In die bereits erstarrende Masse je nach Verwendung Steckdrähte oder Adapter einlegen. Je länger die Trockenzeit (ca. 30-40 Min.), umso geringer die Bruchgefahr. Durch vorsichtiges Aufklopfen ringsum am Rand entlang auf einem weichen Untergrund löst sich die Form leichter. Mit Sandpapier oder einem Messer die Kanten begradigen. Nun kann das gegossene Teil bemalt werden.

Kürbisse

Material und Werkzeug

- Kürbis-Schnitzmesser oder scharfer Löffel
- Klebefilm
- Prägenadel
- Cutter

Beachten Sie auch die Material-Hinweise bei den Anleitungen.

Tipps

- Sie können auch den Rand des Kürbisses verzieren und mit einem Cutter Ornamente in die Außenhaut ritzen.
- Halten Sie den Kürbis möglichst kühl und setzen Sie ihn nicht dem direkten Regen aus. Dann hält sich der Kürbis über den ganzen Winter.

Schritt für Schritt erklärt

1. Zuerst schneiden Sie mit einem Kürbismesser (im Fachhandel erhältlich) beim Kürbis oben den Deckel ab, dann höhlen Sie den Kürbis sorgfältig aus. Achtung, verletzen Sie nicht die Außenhaut.

2. Anschließend befestigen Sie die Motivvorlage mit Stecknadeln oder Klebefilm auf dem Kürbis. Mit einer Prägenadel stechen Sie die Konturen für das Gesicht usw. durch. Danach lösen Sie die Motivvorlage und schneiden die mit der Prägenadel durchgestanzten Konturen mit einem Cutter aus.

3.
In das Kürbisinnere stellen Sie nun eine Kerze, damit das Gesicht von innen beleuchtet wird.

Windowcolor-Windlichter

Material und Werkzeug

- Schere
- Scherenschnittschere
- Zange
- Heißklebepistole
- Seitenschneider
- Pinzette
- Teelichter
- Malfolie
- Windowcolor-Konturenfarben
- Windowcolor in verschiedenen Farben
- Spritzflasche mit Metalldüse
- Küchenkrepp
- Zahnstocher

Beachten Sie auch die Material-Hinweise bei den Anleitungen.

Schritt für Schritt erklärt

Malen mit Windowcolor

1. Malen Sie die Umrisse mit der Konturenfarbe direkt aus der Flasche oder verwenden Sie eine Spritzflasche mit einer 0,9 mm starken Metalldüse. Legen Sie dazu die Vorlage unter die Malfolie.
Ziehen Sie die Flaschenspitze nicht über die Folie, sondern versuchen Sie, die Kontur „aus der Luft" zu malen. Dazu setzen Sie am Anfang die Spitze auf und drücken auf die Flasche, bis die Farbe austritt. Heben Sie dann die Flasche etwas an und ziehen Sie die Farbe entlang der Vorlagenlinie. Auf diese Weise entsteht eine runde Kontur.

2. Tragen Sie die Farbe satt bis an die Konturen auf, ungleichmäßige Stellen im Farbauftrag ziehen Sie mit einem Zahnstocher glatt. Prüfen Sie, ob sich die Farbe überall an der Kontur befindet. Helfen Sie auch hier gegebenenfalls mit einem Zahnstocher nach.

3. Sobald das Motiv getrocknet ist, ziehen Sie es von der Folie ab und platzieren es auf dem Windlicht.

Floristik mit Frischblumen

Material und Werkzeug

- Scharfes, kleines Küchenmesser ohne Zacken
- Rebschere
- Bandschere
- Bindebast
- Maschendraht
- Steckdraht in verschiedenen Stärken
- Drahtschere oder Seitenschneider
- Heißklebepistole
- Pinnholder, Haften
- Knety

Beachten Sie auch die Material-Hinweise bei den Anleitungen.

Tipps

- Wenn Sie Blumen im eigenen Garten schneiden, so tun Sie das am besten morgens. Vor allem an heißen Tagen ist das wichtig!
- Ganz wichtig ist, dass Steckschaum vor dem Verarbeiten von Frischblumen immer ganz mit Wasser vollgesogen ist. Außerdem muss regelmäßig Wasser nachgegossen werden. Nur bei Modellen, die zunächst in feuchten Steckschaum gesteckt werden und dann trocknen sollen, wird kein Wasser nachgegossen. Dadurch wird das Schimmeln der Blüten vermieden.
  Es gibt auch speziellen Steckschaum für Trocken-/Kunstblumen.
- Was die Qualität und die Frische der Ware angeht, so kaufen Sie am besten dort, wo möglichst viel selber angebaut wird oder wo vom Gärtner aus der Umgebung bezogen wird. Grundsätzlich halten Blumen, die keine langen Transportwege hinter sich haben, wesentlich länger.
- Ein weiteres wichtiges Frischekriterium sind die Stängel. Bei frischen Blumen dürfen sie weder schmierig noch matschig sein oder unangenehm riechen.
- Wichtig ist, dass vor dem Stecken der Blüten möglichst viele Blätter entfernt werden. Die Stiele müssen mit einem scharfen Messer schräg angeschnitten werden. So können die Blumen das Wasser optimal aufnehmen.

Metall

Material und Werkzeug

- Metallprägefolie
- METALLSTIFT in verschiedenen Farben
- Prägestift mit verschiedenen Prägekugeln
- Schere, Nagelschere
- Bleistift, Filzstift
- Kugelschreiber
- Transparentpapier
- Klebestreifen
- Weiche Unterlage (z.B. Kork)
- Prägenadel
- Nadel, Faden
- Perlen
- Zange
- Kleber
- Klarlack
- Kohlepapier

Beachten Sie auch die Material-Hinweise bei den Anleitungen.

Metallprägen Schritt für Schritt

Motive übertragen
Pausen Sie die Zeichnung vom Vorlagenbogen mit einem Blei- oder Filzstift auf Transparentpapier durch. Dieses wird auf die Metallfolie gelegt. Ziehen Sie die Konturen mit einem Prägestift, einem Kugelschreiber oder Bleistift mit leichtem Druck nach. Dadurch drücken sich die Konturen auf die Folie durch.

Prägen
Legen Sie eine weiche Unterlage unter die Folie. Jetzt können Sie die Konturen auf der Metallprägefolie mit der dünnen Spitze oder der kleinen Kugel eines Prägestifts nachziehen bzw. eindrücken.

Um erhabene Flächen zu prägen, dreht man die Folie um und drückt das entsprechende Motivteil oder das ganze Motiv zwischen den Konturen von hinten mit einer großen Kugel oder einem dicken Buntstift gleichmäßig durch. Zum Schluss werden die Konturen auf der Vorderseite noch einmal nachgebessert.

Metallgegenstände bemalen

Motive übertragen
Um die Motive auf hartes Metall zu übertragen, brauchen Sie Kohlepapier. Achten Sie darauf, dass es relativ neu und frisch ist. Das Motiv wird vom Vorlagenbogen mit einem Blei- oder Filzstift auf Transparentpapier durchgepaust. Fixieren Sie das Kohlepapier mit Klebestreifen mit der Kopierseite nach unten auf dem zu bemalenden Metallgegenstand. Die Vorlage wird darauf gelegt, ebenfalls mit Klebestreifen fixiert und die Konturen werden mit einem Kugelschreiber mit etwas Druck nachgezogen. Dadurch drücken sich die Linien auf das Metall durch. Nun können Sie das Motiv mit den Metallstiften wie auf dem Foto oder ganz nach Wunsch aufmalen.

Bemalen
Wenn Sie die bemalten Flächen mit dem Konturenliner konturieren wollen, sollten die Farben zuerst ca. 1 Stunde lang trocknen. Erst dann können Sie die Konturen aufmalen.

Serviettentechnik

Material und Werkzeug

- Servietten (nur die oberste Lage wird verwendet)
- Trägerobjekte (Dosen, Töpfe etc.)
- Dachziegel/-pfannen
- Serviettenkleber
- Backpapier
- Bügeleisen
- Acrylfarbe
- Crackle Medium
- Föhn
- Pinsel
- 2-Komponenten- oder Heißkleber
- Lack
- Patina
- Terrakotta-Pen
- Zange
- Schere, Silhouettenschere
- Schrauben und Muttern
- Auspuffschelle
- Endkappe
- Bohrmaschine

Beachten Sie auch die Material-Hinweise bei den Anleitungen.

Tipps

- Bei hellen Servietten sollte auch die Oberfläche des zu verzierenden Objekts möglichst hell sein, sonst kommt das Motiv nicht so gut zur Geltung.
- Dachziegel/-pfannen gibt es in verschiedenen Größen und Formen im Heimwerkermarkt. Benutzen Sie ausschließlich gebrannte Dachziegel.
- Serviettenkleber ist ein weißer, nicht wasserfester Kleber (Leim). Es gibt ihn matt und glänzend. Aufgetragen wird er mit einem Pinsel. Es gibt auch Kleber, die Farbe und Leim in einem sind. Beachten Sie die jeweiligen Herstellerhinweise.
- Backpapier und Bügeleisen benötigen Sie zum Aufbügeln der Serviettenmotive auf die zu verzierenden Objekte bei der Bügeltechnik. Stellen Sie den Temperaturregler des Bügeleisens auf Baumwolle.
- Crackle Medium/Krakelierlack verleiht den Objekten ein antikes Aussehen. Das Medium wird zwischen zwei Farbschichten aufgetragen. Wenn die oberste Farbschicht trocknet, entsteht der „Crackle Effekt". Sie sollten das Crackle Medium und die Acrylfarbe immer über Nacht trocknen lassen, bevor Sie die Servietten aufkleben. Denn wenn das Medium nicht vollständig durchgetrocknet ist, wird auch die Serviette zerreißen.
- Am besten verwenden Sie zum Befestigen der halben Tontöpfe 2-Komponenten-Kleber. Für die Dekoelemente, die auf Dachziegeln befestigt werden sollen, eignet sich am besten Heißkleber.
- Auspuffschellen gibt es im Heimwerkermarkt zu kaufen. Verwenden Sie nur den Ring der Auspuffschelle, der an dem Dachziegel als Halterung für Gläser und Töpfe befestigt wird. Der Ring kann bemalt, patiniert oder verziert werden.
- Die Endkappe für ein Rohr ist aus Kupfer und dient an einen Dachziegel angeschraubt als Kerzenhalter.

Schritt für Schritt erklärt

Krakeliertechnik

! Achtung: Dieser Schritt muss immer vor der Serviettentechnik ausgeführt werden!

Es ist die Farbe des Untergrundes, die bei dieser Technik nachher durch die Risse zu sehen ist. Sollte Ihnen die Farbe Ihres Objekts so gefallen, wie sie ist, dann brauchen Sie den ersten Schritt nicht.

1. Bemalen Sie das gewünschte Objekt mit einer Acrylfarbe nach Wunsch (Grundierung). Lassen Sie diese Farbe vollständig trocknen.

2. Tragen Sie nun eine dicke Schicht Crackle Medium auf die Flächen auf, die krakelieren sollen.

Föhnen Sie das Medium trocken. Je dicker Sie das Krakeliermedium auftragen, desto stärker werden die Risse und Sprünge.

3. Nun können Sie die obere, letzte Farbschicht mit Acrylfarbe auftragen. Dazu tränken Sie einen dicken Pinsel mit der gewünschten Farbe und tragen sie mit kreisenden Bewegungen auf das Krakeliermedium auf. Achten Sie darauf, dass Sie nicht zweimal über die gleiche Stelle streichen. Am besten ist der Pinsel immer mit ausreichend Farbe getränkt. Die Risse entstehen unmittelbar beim Trocknen. Lassen Sie die Farben mindestens einen Tag aushärten.

Bügeltechnik (Mod Podge)

1. Leimen Sie als Erstes die zu dekorierende Stelle mit Serviettenkleber ein. Lassen Sie den Leim nun trocknen.

2. Legen Sie von der ausgeschnittenen Serviette die oberste Lage auf die geleimte Fläche, decken Sie sie mit Backpapier ab und bügeln Sie sie mit einem Bügeleisen fest. Der Serviettenkleber schmilzt durch die Hitze des Bügelns und verbindet sich so mit der Serviette. Ziehen Sie das leicht abgekühlte Backpapier vorsichtig ab.

3. Bestreichen Sie die aufgeklebten Servietten nochmals dünn und vorsichtig mit Serviettenkleber. Arbeiten Sie dabei von der Mitte nach außen. Nach dem Trocknen werden zum Schutz zwei Lagen Lack aufgetragen. Lassen Sie jede Lackschicht gut trocknen.

Klebetechnik

Einfacher geht es mit der Klebetechnik. Tragen Sie Serviettenkleber auf, legen Sie das Motiv auf die feuchte Fläche und überstreichen Sie es mit dem in Kleber getauchten Pinsel.

Befestigung von Töpfen etc. an Dachziegeln

Töpfe, Endkappen, Untersetzer und Deckel werden alle nach dem gleichen Prinzip an einem Dachziegel befestigt!

1. Bohren Sie in die Dachpfanne und die anzubringenden Gegenstände je ein Loch. Stecken Sie nun eine Schraube durch das Loch in der Dachpfanne und drehen Sie diese Schraube von hinten mit einer Mutter an der Dachpfanne fest. Wenn zwischen der Dachpfanne und z.B. der Endkappe etwas Abstand entstehen soll, dann drehen Sie auf die Schraube so viele Muttern, wie Sie für den gewünschten Abstand benötigen.

2. Stecken Sie den Rest der Schraube durch das Loch im Topf, in der Endkappe oder im Untersetzer. Befestigen Sie diese Gegenstände an der Dachpfanne, indem Sie von innen eine Mutter auf die Schraube drehen.

Befestigung einer Halterung für Töpfe und Gläser

Als Halterung befestigen Sie eine Auspuffschelle an dem Dachziegel. Allerdings benötigen Sie nur den Ring-/Rundbogen für diese Art der Halterung.

1. Bohren Sie zuerst zwei Löcher in den Dachziegel. Achten Sie darauf, dass die Löcher auch dem Abstand des Rings entsprechen.

2. Stecken Sie den Ring durch die zuvor gebohrten Löcher und schrauben Sie ihn an der Rückseite des Dachziegels mit Muttern fest.

Alle Vögel sind schon da!

Kleben Sie die Teile des Vogelhäuschens wie auf der Abbildung zusammen. Alle Vögel erhalten ihr Gesichtsteil mit dem aufgesetzten Schnabel und den Wackelaugen. Ergänzen Sie nun noch die Flügel und die Messingstäbe.
Schon kann sich die Vogelschar in Ihrem Garten heimisch fühlen.
Beachten Sie die Hinweise auf Seite 4.

Motivhöhe

ca. 21 cm

Material

- Moosgummireste, 2 mm stark, rot, gelb
- Moosgummireste, 1 mm stark, rot, orange, gelb, blau, braun
- Wackelaugen, ø 1 cm

Vorlage Seite 89

Stacheliges mit Pilzen

Beachten Sie Seite 6.

Für die Pilzköpfe braunen mit rotem Acryllack mischen. Mit Weiß können Sie an manchen Stellen aufhellen. Malen Sie hierzu mit etwas Weiß in die frische braune Farbe um einen Verlauf der Farben zu erzielen. Es wirkt gut, wenn Sie die Ränder der Pilze dunkler malen. Dadurch sehen sie plastischer aus.

Für die Stiele der Pilze können Sie dann Weiß mit Gelb mischen und vielleicht hin und wieder ein wenig Braun einfließen lassen.
Die Stacheln der Igel sollten auch unterschiedliche Schattierungen erhalten. Dann sieht es auf keinen Fall langweilig aus.

Motivhöhe

ca. 17 cm

Material

- Sperrholz, 6 mm stark, 16 cm x 18 cm (Pilze), 11 cm x 13 cm (Igel), 16 cm x 15 cm (Igel mit Apfel)
- 3 Rundstäbe, 20 cm lang, ø 8 mm
- Acryllack in verschiedenen Farben
- Lackstift, schwarz
- Dickschichtlasur, farblos
- Rundkopfstifte aus Messing, 1 mm x 10 mm

Vorlage Seite 90/91

Tipp

Haben Sie Lust auf etwas Ausgefallenes, dann bemalen Sie sich die Stecker doch mal in anderen Farben. Wie wäre es mit blauen Igeln oder mit bunten Pilzen?

Flieg, Käferchen, flieg

Beachten Sie Seite 4. Ausgelassen und fröhlich tummeln sich die beiden Käferchen im Blumenbeet. Sie entstehen ganz einfach und schnell. Auf und hinter den Körper werden Beine und Arme geklebt. Nun kann das Köpfchen mit dem angepassten schwarzen Kopfteil platziert werden. Die Gliedmaßen werden weiß umrandet, die Pupillen aufgetupft. Jetzt fehlen nur noch die Flügel mit Punkten und die Schleife. Abschließend werden noch Moosgummi-Röllchen für die Rundstäbe festgeklebt – und schon können die beiden starten.

Motivhöhe

ca. 17 cm

Material

- Moosgummireste, 2 mm stark, schwarz, rot, hautfarbe
- Rundholzstäbe, ø 5 mm
- Dünne Moosgummi-Röllchen
- Lackstift: weiß

Vorlage Seite 92/93

Zwei Gänse auf Stäben

Nach dem Aussägen (siehe Seite 6) werden die Gänse an der Unterseite angebohrt. Nun können sie bemalt werden. Die Holzstäbe werden angemalt, bevor die Gänse aufgesteckt werden.

Motivhöhe

ca. 25 cm

Material

- Sperrholz, 6 mm stark
- Rundholzstäbe, ø 3 mm
- Holzbohrer, ø 3 mm
- HOLZ-PEN, breit, weiß, gelb
- HOLZ-PEN, standard, hellgrün
- HOLZ-PEN, fein, schwarz
- Klarlack

Vorlage Seite 94

Fritzi Frosch mit roter Tulpe

Beachten Sie Seite 4. Den Froschkopf am Hals befestigen. Auf der Vorderseite den breiten Mund, zwei große Wackelaugen und die Glassteine als Nasenlöcher anbringen. Um den Hals eine Schleife binden.

Um den Froschpopo beidseitig die Hosenteile kleben und das fertige Badehöschen mit ausgestanzten Moosgummi-Herzen (falls Sie diese selbst zuschneiden wollen, ist eine Vorlage vorhanden) bekleben.

Fritzi bekommt eine rote Holztulpe in die Hand, wobei letztere um den Stiel geklebt wird. Nun noch weitere Details am Froschkörper aufmalen. Auf der Rückseite den Stab anbringen, womit Fritzi Frosch z.B. ins Blumenbeet oder an den Gartenteich gestellt werden kann.

Tipp

Anstatt der Holztulpe können Sie auch eine Tulpe aus Moosgummi nehmen (Vorlage vorhanden).

Motivhöhe

ca. 35 cm

Material

- Moosgummirest, 2 mm stark, weiß
- Moosgummirest, 3 mm stark, weiß
- Moosgummirest, 4 mm stark, grün
- Ausgestanzte rote und grüne Moosgummi-Herzen
- 2 schwarze Glassteine, ø 4 mm
- Band, 20 cm lang, 10 mm breit, rot-weiß kariert
- 2 Wackelaugen, ø 20 mm
- Rote Holztulpe, ca. 35 cm hoch
- Rundholzstab, 40 cm lang, ø 4 mm

Vorlage Seite 96

Spaßige Vögel

Die Vorder- und Rückseite des Sperrholzstücks schmirgeln Sie gründlich ab, ebenso die Kanten. Übertragen Sie die Konturen, wie auf Seite 6 beschrieben. Um den Rundstab an dem Vogel befestigen zu können, muss dieser an einer Seite abgeflacht werden. Hierzu sägen Sie die Kopfseite des Stabes ca. 2 cm tief ein und entfernen dann vorsichtig die eine Hälfte des geteilten Stabes.
Streichen Sie etwas Holzleim auf die abgeflachte Stelle und nageln Sie danach den Vogel an der dafür vorgesehenen Markierung an den Stab. Grundieren Sie nun das Holz mit verdünntem weißem Acryllack und beginnen Sie nach dem Trocknen mit dem Bemalen.
Die Vögel sind recht schnell bemalt und machen jeden Blumentopf zu einem individuellen und außergewöhnlich schönen Geschenk.

Motivhöhe

ca. 20 cm

Material für einen Vogel

- Sperrholz, 6 mm stark, 12 cm x 20 cm
- Rundstab, 20 cm lang, ø 8 mm
- Acryllack in verschiedenen Farben
- Lackstift, schwarz
- Dickschichtlasur, farblos
- Rundkopfstifte aus Messing, 1 mm x 10 mm

Vorlage Seite 97

Ein geselliges Papageienpärchen

Lesen Sie die Anleitung auf Seite 4.
Der Schnabel jedes Papageien wird doppelt zugeschnitten, der Kopf dazwischengeklebt. Augenteil fixieren und das Auge aufmalen. Nun wird der Kopf auf dem zur Schlaufe zusammengeklebten, 3 mm starken Bauchteil befestigt. Platzieren Sie zuerst die lange, doppelte Schwanzfeder, danach die beiden kürzeren Doppelfedern und zum Schluss die einzelne lange Feder auf dem Rücken. Erst jetzt werden seitlich die Flügel und die Brustfeder fixiert, dann die Füße, die auf einem Hölzchen bzw. im Ring festgeklebt werden.
Bringen Sie zur besseren Befestigung des Stabes zwei Moosgummi-Rädchen am Bauch an. Der Reif (ø 24 cm) entsteht aus einem stabilen Draht, der durch eine Hohlschnur gezogen, in Form gebogen und zusammengeklebt wird.

Motivhöhe

ca. 26 cm

Material

- Moosgummireste, 2 mm stark, orange, blau, weiß, hellgrün, gelb, rot
- Moosgummireste, 3 mm stark, rot, violett
- Dünnes und dickes Moosgummi-Röllchen
- Moosgummi-Rädchen, ø 20 mm
- Stabiler Draht (Ring)
- Moosgummi-Hohlschnur, ø 10 mm
- Rundholzstäbe, 5 mm und 8 mm

Vorlage Seite 98/99

Narzissen- und Tulpenstecker

Beachten Sie Seite 6.
Die Tulpen und Narzissen werden unten spitz zugesägt und direkt in den Boden gesteckt. Alternativ kann auch die Unterseite abgerundet (gestrichelte Linie auf der Vorlage), angebohrt und mit einem Drahtstab versehen werden. In diesem Fall steckt nur der Draht im Boden.

Tipp
Diese Blumen können Sie mithilfe von vergrößerten oder verkleinerten Vorlagen in verschiedenen Größen arbeiten.

Motivhöhe
ca. 45 cm

Material
- Sperrholz, 6 mm stark
- HOLZ-PEN, standard, rot, weiß, gelb, orange, grün
- HOLZ-PEN, fein, schwarz
- Klarlack

Vorlage
Seite 100/101

Sonnenblumen

Pflanzen Sie doch mal bunte, dauerhafte und witterungsbeständige Blumen!
Beachten Sie die Anleitung auf Seite 4.

Die Blüte entsteht aus jeweils zwei versetzt aufeinander geklebten Blütenkränzen. Für das Blüteninnere werden mit einer Zackenschere ganz feine Streifen (ca. 0,5 mm) geschnitten, die aufgerollt senkrecht befestigt werden. Der äußere Kranz wird flach aufgeklebt. Nun werden die fertigen Sonnenblumen sowie die Blätter auf dem bezogenen Stiel angeordnet. Vorher jedoch unbedingt die Blattadern aufmalen.

Motivhöhe

ca. 42 cm

Material

- Moosgummireste, 2 mm stark, grün, gelb
- Messingstäbe
- Hohlschnüre, ø 6 mm und 8 mm

Vorlage Seite 102/103

Große Schnecken

Wenn Sie die Schnecke mit der ovalen Holzplatte arbeiten wollen, endet das Motiv unten an der durchgezogenen Linie auf der Vorlage. Falls die Schnecke auf einen Holz- oder Drahtstab gesteckt wird, wird die Rundung an der Unterseite mit ausgesägt und zusätzlich ein Loch für den Stab gebohrt.
Beachten Sie Seite 6.

Motivhöhe

ca. 18 cm

Material

- Sperrholz, 6 mm stark
- Rundholzstab oder Drahtstab, ø 3 mm
- Holzleim
- HOLZ-PEN, standard, rot, hellgrün, gelb, blau, weiß
- HOLZ-PEN, fein, schwarz
- Klarlack

Vorlage Seite 130 und 132

Igelfamilie auf Wanderschaft

Die Grundform für jeden Igel wird zweimal zugeschnitten und versetzt mit dem Igelköpfchen und den Beinchen dazwischen zusammengeklebt. Lassen Sie am unteren Ende für den Schaschlikspieß etwas Freiraum. Nun folgt eine gezackte Scheibe auf jeder Seite. Das Stachelkleid entsteht aus feinen gezackten Streifen, die aufgerollt befestigt werden. Gesichtchen malen und Schnäuzchen aufkleben, und fertig ist das Igelchen. Beachten Sie Seite 4.

Motivhöhe

ca. 12,5 cm (großer Igel)

Material

- Moosgummireste, 2 mm stark, violett, rosa, schwarz
- Schaschlikspieße
- Wasserfester Filzstift, rot, schwarz
- Lackstift, weiß

Vorlage Seite 95

Lachende Drachen

Beachten Sie die Anleitung auf Seite 6.

Sägen Sie den Drachen, das Blatt und die Schleifen aus. In den Drachen bohren Sie mit dem Bohrer (ø 3 mm) in die gekennzeichneten Stellen jeweils ein Loch.
Nach dem Schmirgeln der Kanten nageln Sie den Drachen an den Rundstab, der oben etwas abgeflacht werden muss.
Für den Rundstab bohren Sie ein Loch mit dem Bohrer (ø 6 mm) in das Blatt. Leimen Sie beides zusammen und bemalen Sie alle Teile.

Nach dem Trocknen können Sie die Konturen nachzeichnen und die Dickschichtlasur auftragen.
An ein Stück Naturbast knoten Sie die einzelnen Schleifen und hängen sie an den Drachen.
Wickeln Sie ein wenig Bast um zwei Finger und schneiden Sie dann die Enden auf. Diese Bastbüschel knoten Sie dann rechts, links und oben an den Drachen.

Motivhöhe

ca. 30 cm

Material

- Sperrholz, 6 mm stark, 19 cm x 13 cm (Drachen), 17 cm x 15 cm (Blatt)
- Acryllack in verschiedenen Farben
- Rundstab, ca. 15-25 cm lang, ø 6 mm
- Lackstift, schwarz
- Dickschichtlasur, farblos
- Bast, natur
- Rundkopfstifte aus Messing, 1 mm x 10 mm
- Holzbohrer, ø 3 mm und 6 mm

Vorlage Seite 104/105

Fred, die Vogelscheuche

Beachten Sie Seite 4.
Auf den Hals erst den Kopf und dann den Hut kleben. Den Kopf und die Hose an der Innenseite des Jackenrückenteils anbringen. Das Hemd besteht aus Wellpappe. Die breitere Jutekordel als Gürtel um das Hemd binden. In Schulterhöhe die beiden Arme anbringen. Nun die beiden Jackenvorderteile samt Kragen nur an den Außenkanten verkleben.
Aus einem Schuh schneiden Sie ein Loch heraus, in dem die kleine Maus sitzt. Beide Schuhe kantig an den Hosenbeinen festkleben. Anschließend wird das Gesicht gestaltet. Für die Basthände wickeln Sie den Naturbast ca. 25-mal um die eigene Handfläche, ziehen ihn ab, binden an einer Seite mit etwas Bast ab und schneiden ihn an der gegenüberliegenden Seite auf.
Die grüne Jutekordel zweimal um den Hut binden. Für die Schnürsenkel jeweils 30 cm naturfarbene Kordel einfädeln und zu Schleifen binden. Als Flicken dienen Jutebandreste. Zum Schluss bringen Sie noch einen Knopf an, malen Verzierungen auf und schieben den Haltestab in das hintere Jackenteil, wo er fixiert wird.

Motivhöhe

ca. 45 cm

Material

- Moosgummireste, 2 mm stark, rot, schwarz, grau
- Moosgummireste, 4 mm stark, braun, dunkelbraun, dunkelgrün, hautfarbe
- Wellpappe, natur
- Naturbast
- Jutebandreste
- Jutekordel, 50 cm lang, ø 5 mm, natur
- Jutekordel, 60 cm lang, ø 3 mm, natur
- Jutekordel, 35 cm lang, ø 3 mm, grün

Vorlage Seite 106

Zum Fürchten?

Beachten Sie Seite 4.
Zeichnen Sie der Vogelscheuche das Gesicht und den Raben die Schnabelstriche mit einem schwarzen wasserfesten Stift auf. Die Nase der Vogelscheuche und der dreiteilige Hut werden auf das Kopfteil geklebt, die Haare werden dahinter platziert. Die Strohbüschel-Arme und -Beine werden unter dem roten Kleidungsstück, das einen Gürtel und Flicken hat, fixiert. Fügen Sie die Körperteile zusammen und befestigen Sie die Figur auf dem Gestell, das sich auf einer Wiese befindet. Die Flicken werden mit Windowcolorfarbe verschönert.
Auf der Wiese wachsen Windowcolor-Grasbüschel. Nach dem Trocknen der Farbe befestigen Sie einen Messingstab, der bis zum Kopf reicht, von hinten an der Vogelscheuche.
Die Raben mit Wackelaugen, Schnäbeln und hinterklebten Flügeln besuchen diese Vogelscheuche gern.

Motivhöhe

ca. 31 cm

Material

- Moosgummireste, 1 mm stark, blau, türkis, rot, gelb, schwarz
- Moosgummireste, 2 mm stark, orange, rot, hellbraun
- Windowcolor, hellgrün, gelb
- Konturenfarbe, schwarz
- Messingstäbe
- Wackelaugen, ø 1,4 cm

Vorlage Seite 108/109

Vogelscheuche und Freunde

Schmirgeln Sie die Vorder- und Rückseite des Sperrholzstücks gründlich ab. Danach die Kanten schmirgeln.
Übertragen Sie die Konturen für die Rückseite, wie auf Seite 6 beschrieben. Um den Rundstab an der Vogelscheuche befestigen zu können, muss dieser an einer Seite abgeflacht werden.
Streichen Sie etwas Holzleim auf die abgeflachte Stelle und nageln Sie danach die Vogelscheuche an der dafür vorgesehenen Markierung an den Stab.
Jetzt grundieren Sie die Vogelscheuche mit verdünntem weißen Acryllack. Ist der Lack getrocknet, können Sie mit der Bemalung beginnen. Da die Grundierung verdünnt wurde, sind die Konturen noch gut zu erkennen.
Den blauen Hut (und die Hose) schattieren Sie ein wenig, indem Sie mit dem Pinsel etwas weiße Farbe aufnehmen und über den frisch blau bemalten Teil streichen. Wird er zu weiß, tragen Sie einfach wieder etwas Blau auf, so wie es Ihnen gefällt.
Ebenso verfahren Sie bei den Haaren. Gehen Sie hier mit gelber und roter Farbe in das Braun hinein. Die kleinen Vogelscheuchen werden genauso gearbeitet.
Lassen Sie nach dem Bemalen die Farben gut trocknen. Erst dann kann man mit dem schwarzen Lackstift die Konturen nachzeichnen. Zum Schluss wird die Vogelscheuche samt Stab mit Dickschichtlasur lackiert. Vergessen Sie auch nicht die Kanten!

Motivhöhe

ca. 36 cm

Material

- Sperrholz, 6 mm stark, 35 cm x 38 cm (große Vogelscheuche), 23 cm x 26 cm (kleine Vogelscheuche)
- Acryllack in beliebigen Farben
- Lackstift, schwarz
- Dickschichtlasur, farblos
- Rundstab, 30 cm (kleine Vogelscheuche) und 40 cm (große Vogelscheuche) lang, ø 8 mm und 12 mm
- 3 - 5 Rundkopfstifte aus Messing, 1 mm x 10 mm (kleine Vogelscheuche), 1,4 mm x 13 mm (große Vogelscheuche)
- Holzleim

Vorlage Seite 110-113

Von wo bläst der Wind?

Wetterfahnen aus Metall erhalten Sie im Handel in den verschiedensten tierischen Ausführungen. Doch wer möchte sich schon einen grauen Windanzeiger in seinen bunten Garten stellen? Mit dem METALLSTIFT lässt sich die Oberfläche farblich aufpeppen, je nach Motiv. Der Hahn wird hier klassisch in leuchtenden Farben bemalt, das Schwein scheint den 60er Jahren entsprungen: Blüten in Pastelltönen unterstreichen den Flower-Power-Look. Die violetten Flicken-Flecken kommen besser zur Geltung, wenn sie zusätzlich weiß umrandet werden. Beachten Sie Seite 9.

Material

- Wetterfahnen aus Metall: Hahn und Schwein
- METALLSTIFT, standard, zitronengelb, gelb, orange, rot, grün, rosa, violett, hellblau, blau, weiß, schwarz

Vorlage Seite 88

Motivhöhe

ca. 28 cm

Material

- Tonkarton in A4, zweifarbig gestreift
- Kartonscheibe, ø 4 cm
- Rundholzstab, ø 0,5 cm
- Holzperle

Vorlage Seite 132

Gestreiftes Windrad

Beachten Sie Seite 5. Fertigen Sie von diesem Windrad zuerst eine Schablone an. Die vier Dreiecke werden mit dem Cutter herausgeschnitten. Denken Sie dabei an eine Schneideunterlage. Legen Sie die Schablone auf den farbigen Karton und zeichnen Sie die Umrisse mit Bleistift nach.
Nun werden das Windrad und eine Kartonscheibe (ø 4 cm) ausgeschnitten. In die Flügelspitzen und in die Scheibe zwicken Sie mit einer Lochzange jeweils ein Loch. Stecken Sie den an einem Holzstab befestigten und mit einer Holzperle versehenen Kupferdraht durch die Windradmitte. Die vier gelochten Flügelspitzen werden zusammen mit der runden Kartonscheibe und einer Holzperle auf den Draht aufgefädelt. Abschließend biegen Sie den Draht zu einer Öse und zwicken den überstehenden Rest ab.

Sonnenblumen-Windräder

Zuerst fertigen Sie von allen Teilen Schablonen an (Seite 5 beachten). An den gestrichelten Linien werden die mit einem kleinen Kreis markierten Teile mit Lineal, Cutter oder Scherenspitze angeritzt und umgeklappt. Legen Sie die Schablone so auf den gelben Tonkarton, dass die umgeklappten Teile mit den gebogenen Rändern nach oben zeigen.
Nun wird der sternförmige Umriss mit Bleistift nachgezogen. Anschließend klappen Sie die hochgeschlagenen Teile wieder nach unten und zeichnen auch diesen Umriss nach. Die Umrisse der anderen Schablonen werden ebenfalls auf Tonkarton übertragen.
Schneiden Sie alle Teile aus. Am gelben Blütenteil werden, wie zuvor bei der Schablone, die Blütenblätter leicht angeritzt, damit sie umgeklappt werden können. Kleben Sie die braune Kartonscheibe (ø 9 cm) in die Blütenmitte. Auf den am Holzstab befestigten Kupferdraht wird zuerst eine Holzperle, dann ein durchbohrtes Konusplättchen (ø 2 cm), das Windrad und eine weitere Holzperle gesteckt. Als Abschluss biegen Sie das Drahtende zu einer Öse. Jetzt können auch die Blätter und die Schmetterlinge angeklebt werden.

Motivhöhe

ca. 20 cm

Material

- Tonkarton in A4, gelb
- Tonkartonreste, braun, grün, rot
- Rundholzstab, ø 0,5 cm
- Holzperlen

Vorlage Seite 114/115

Buntes Windrad

Fertigen Sie vom Flügel eine Schablone an und übertragen Sie den Umriss achtmal auf Tonkarton. Beachten Sie Seite 5.
Mit dem Zirkel werden direkt auf den Tonkarton zwei Kreise (ø 4 cm und 6,6 cm) gezeichnet.
Schneiden Sie alle Teile aus. In die schmalen Spitzen der Flügel wird jeweils ein Loch eingestochen.
Die große Kartonscheibe wird mit Bleistift und Geodreieck in acht gleich große Segmente unterteilt.
Nun werden die Flügel auf die unterteilte Kreisscheibe geklebt.
Befestigen Sie den Draht am Holzstab. Auf den Draht stecken Sie zuerst eine Holzperle, dann die Windradmitte, die acht gelochten Flügelspitzen, die kleine Kreisscheibe und noch eine Holzperle. Der Draht wird zu einer Öse gebogen und das überstehende Drahtende abgezwickt.

Motivhöhe

ca. 20 cm

Material

- Tonkartonreste, gelb, rot, blau, grün
- Rundholzstab, ø 0,5 cm
- Holzperlen

Vorlage Seite 115

Schauriges Halloween

Schneiden Sie aus dem Alublech die quadratische Grundform des Windrads aus und schneiden Sie die gestrichelten Linien ein. Die markierten Punkte stanzen Sie mit einer Lochzange aus. Dann die Kürbisse samt den Bändern auf die silberne, die Fledermäuse auf die grüne Blechseite übertragen und farbig ausmalen. Die Halloween-Schriftzüge schreiben Sie frei Hand mit einem schwarzen und einem weißen Lackstift auf. Nun die Prägefolie mit den gelochten Enden vorsichtig zum Mittelpunkt hin wölben. Die kleine Mittelscheibe ebenfalls aus Alublech arbeiten und in die Mitte ein Loch stechen. Als Haltestab für das Halloweenrad dient ein Laternenstab, an dessen Ende bereits ein Drahtbügel aufgesteckt ist. Vor dem Zusammenstecken sollten Sie den Laternenstab erst noch schwarz einfärben.
Kürzen Sie nun mit einer Kombizange den Draht (vom Stab aus gemessen) auf 10 cm Länge. Dann zuerst als Abstandshalter einen Rest Moosgummischlauch auf den Draht stecken. Danach den Draht von der Rückseite her durch das Mittelloch im Windrad führen und die Flügel nacheinander aufstecken. Zuletzt die Moosgummischeibe auffädeln, das Drahtende umbiegen und zu einer Öse formen.
Seite 5 und 9 beachten.

Motivhöhe

ca. 42 cm

Material

- Metallprägefolie in A3, 0,15 mm stark, grün/silber
- METALLSTIFT, standard, orange, grün, weiß, braun, schwarz
- Lackstift, schwarz, weiß
- Laternenstab mit Drahtbügel
- Bastelfarbe, schwarz
- Moosgummischlauch (Rest), ca. 3 cm lang
- Moosgummischeibe, ø 2,3 cm, weiß

Vorlage Seite 107

Windräder in Sternenform

Beachten Sie Seite 5. Fertigen Sie eine Schablone. Übertragen Sie die Form des Sterns und die Rauten auf den gelben Tonkarton. Schneiden Sie nun die durchgezogenen Linien ein, die gestrichelten Linien werden mit Lineal und Cutter oder Scherenspitze leicht angeritzt und umgeklappt. Befestigen Sie zum Schluss das Windrad auf dem Holzstab.

Motivhöhe

ca. 22 cm

Material

- Tonkarton in A4, gelb
- Rundholzstab, ø 0,5 cm
- Holzperlen

Vorlage Seite 116

Blaue Sommernachts-Träume

Windowcolor, Perlen und Draht sind Materialien, die gut miteinander harmonieren. Die Blautöle erinnern an Urlaub, Meer und Sommernachts-Feeling.
Beachten Sie Seite 8.

Tropfen-Perlen in Windowcolor-Wellen eingebettet

Windowcolor wird bei diesem Windlicht direkt aufs Glas aufgebracht. Das Wellen-Muster können Sie frei Hand malen. Wer sich nicht traut, kann das Motiv von der Vorlage auf Transparentpapier übertragen. Dann müssen Sie das Wellen-Motiv, je nach Größe Ihres Glases, eventuell mit dem Fotokopierer vergrößern oder verkleinern. Befestigen Sie das Transparentpapier mit einigen Klebefilmstreifen innen im Glas und malen Sie zuerst die schwarzen Linien mit Konturenfarbe nach. Diese muss leicht angetrocknet sein (ca. 40 Minuten, Angaben des Farbenherstellers beachten), bevor Sie die Wellen-Flächen mit blauer Farbe ausmalen können. Auf einige kleinere Flächen wird keine Farbe aufgetragen, diese sind in der Vorlage mit einem „x" gekennzeichnet.
Wenn die Windowcolor-Farbe ein bisschen, aber noch nicht vollständig trocken ist, verteilen Sie die Tropfenperlen und die Glasstifte nach Ihrem Geschmack auf der Kontur und in den Farbflächen. Eine Pinzette ist dabei sehr hilfreich. Sobald die Farbe ganz trocken ist, sind auch die Perlen fest fixiert.

Material

- Trinkglas, ca. 9,5 cm hoch
- Windowcolor, mittelblau
- Konturenfarbe, schwarz
- Tropfenförmige Glasperlen, ca. 8 mm lang, helltürkis
- Glasstifte, 7 mm lang, türkis
- Transparentpapier
- Bleistift
- Klebefilm
- Pinzette
- Teelicht

Vorlage Seite 121

Windlicht mit Perlenkleid

Schneiden Sie mit dem Seitenschneider den Maschendraht so zu, dass er um das Glas passt. Legen Sie ihn um das Glas und verbinden Sie ihn mit einem Stück Draht. Dann verdrehen Sie ein langes Stück Draht am oberen oder unteren Rand des Maschendrahtes. Dieses führen Sie abwechselnd über und unter den Kästchen des Maschendrahtes durch, wobei Sie auf das Drahtende immer wieder Perlen aufziehen und gleichmäßig verteilen. Ist der Maschendraht komplett mit Perlen versehen, verdrehen Sie das Ende des Drahtes im Maschendraht.

Tipp

Sollte der Draht während des Arbeitens zu Ende gehen, verdrehen Sie ihn unauffällig am Maschendraht und setzen ein neues Stück ein.

Material

- Kleines Windlicht aus Glas
- Maschendraht, blau lackiert (selbst besprüht oder gekauft)
- Basteldraht, blau
- Verschiedene Glasperlen
- Seitenschneider
- Teelicht

Windowcolor-Licht aus Maschendraht

Schneiden Sie den Maschendraht mit dem Seitenschneider in der gewünschten Länge zu und legen Sie ihn ganz flach auf die Klarsichthülle. Nun malen Sie jedes Kästchen großzügig mit Windowcolor aus. Dazu sollten Sie reichlich Farbe verwenden, da sich der Draht gut mit der Farbe verbinden muss. An beiden Rändern sollten Sie eine Reihe des Drahtes unbemalt lassen.
Nun muss die Farbe mindestens 24 Stunden lang trocknen. Nehmen Sie dann den bemalten Draht vorsichtig von der Folie und biegen Sie ihn rund. Legen Sie die beiden unbemalten Reihen aufeinander und verbinden Sie sie mit einem Stück Draht. Danach rollen Sie die Klarsichthülle zusammen und stecken sie in den Drahtring. Unter der noch unbemalten Reihe sollte die Folie flach aufliegen. Jetzt werden auch die Kästchen dieser Reihe mit Windowcolor ausgemalt.
Wenn auch diese Farbe getrocknet ist, entfernen Sie die Folie. Nun können Sie ein Teelicht mit Glasbecher in den Ring stellen.

Vorsicht!
Der Drahtring muss ausreichenden Abstand zum Teelicht haben.
Windlichter mit Alubecher sind nicht geeignet, da die Alufolie heiß wird.

Material
- Teelicht in Glasbecher
- Maschendraht, blau lackiert (selbst besprüht oder gekauft)
- Basteldraht, blau
- Windowcolor, verschiedene Blautöne
- Seitenschneider
- Klarsichthülle (für Windowcolor geeignet)

Blau mit filigranem Häkelrand

Schlagen Sie eine Reihe Luftmaschen von ca. 35 cm bis 37 cm Länge mit dem Effektdraht an. Ziehen Sie die verschiedenen Perlen auf ein sehr langes Stück Silberdraht auf. Häkeln Sie dann zwei Reihen lockere, feste Maschen aus Silberdraht, in die Sie die Perlen in unterschiedlichen Abständen mit einarbeiten. Häkeln Sie auch einmal nur eine Perle und hin und wieder mehrere Rocailles in eine feste Masche – einfach so, wie es Ihnen gefällt. Haben Sie die zweite Reihe beendet, kürzen Sie das Drahtende und verstecken es in der Häkelarbeit.
Bestreichen Sie dann immer nur abschnittsweise den Rand des Glases mit Sekundenkleber und drücken Sie den Häkelschmuck am Glasrand fest. Achten Sie unbedingt darauf, dass Sie keinen Sekundenkleber an die Hände bekommen!
Den Rest der Häkelarbeit lassen Sie am Glas herunterhängen.

Material
- Trinkglas in Blau, ca. 8 cm hoch
- Effektdraht, 0,25 mm stark, silber
- Verschiedene Glasperlen und Rocailles, Blau- und Grüntöne
- Häkelnadel Nr. 3,5
- Sekundenkleber
- Teelicht

Für laue Sommernächte

Kleine Drahtlaterne

Rühren Sie zunächst einen Achtelliter Wasser mit einem knappen Teelöffel Tapetenkleister an und lassen Sie die Mischung ca. 20 Minuten quellen. Für die Drahtlaternen brauchen Sie je ein Rechteck mit 16 x 6 Karos. Lassen Sie beim Zuschneiden an einer Lang- und einer Schmalseite die Drahtenden bis zum nächsten Gewebekreuz zusätzlich stehen. Biegen Sie die offenen Drahtenden der Schmalseite zu kleinen Haken und verbinden Sie Anfang und Ende der Drahtstückes, indem Sie die Haken mit der Flachzange gut festdrücken. Die offenen Drahtenden der Längsseite biegen Sie nach innen.
Schneiden Sie ein Rechteck aus Papier, das um etwa zwei Karos breiter und um ein Karo länger ist als die Drahtlaterne. Bestreichen Sie das Papier mit Tapetenkleister und wickeln Sie den Drahtrohling damit ein. Die Überstände sollten oben und unten etwa gleich breit sein und die Nahtstellen von Draht und Papier möglichst aufeinandertreffen. Kleben Sie den oberen Überstand nach innen, den unteren über die Drahtenden. Nun bekommt die Laterne noch einen Boden aus Papier, den Sie grob zuschneiden und dessen Überstände Sie erst nach dem Trocknen abschneiden. Der Boden wird stabilisiert durch einen 6 cm großen Kreis aus Wellpappe, den Sie lose in die kleine Laterne hineinlegen. Biegen Sie zum Schluss aus Wickeldraht einen Henkel. Diesen können Sie noch mit feinem Silberdraht umwickeln. Stechen Sie den Henkel unterhalb des obersten Drahtes durch das Papier und hängen Sie die Laterne mit Silberdraht auf.

Vorsicht!
Lassen Sie Ihre Windlichter, vor allem solche aus Papier, nie unbeaufsichtigt brennen!

Material
- Naturpapier (z.B. Bananenpapier, Faserseide o.Ä.)
- Bastelwellpappe, naturfarben
- Karodraht, verzinkt (Karogröße ca. 12 mm, z.B. Baumarkt)
- Wickeldraht, verzinkt
- Feiner Silberdraht
- Teelichter in Glasbechern
- Tapetenkleister
- Seitenschneider
- Flachzange
- Borstenpinsel
- Schraubglas

Mit Naturpapier veredelt

Rühren Sie den Tapetenkleister wie links beschrieben an. Schneiden Sie aus dem Papier ein Rechteck aus, das groß genug ist, um ein Glas rundum damit einzuwickeln. Schlagen Sie das trockene Papier um das Glas und falten Sie Anfang und Ende senkrecht am Glas entlang, so dass ein Überstand von etwa einem Zentimeter entsteht. Schneiden Sie das Papier entlang den Falzen ab.

Nun streichen Sie das Papier mit Kleister ein und wickeln das Glas darin ein. Schneiden Sie den Überstand am unteren Rand auf etwa einen Zentimeter zurück und kleben Sie ihn am Glasboden fest. Den Überstand am oberen Rand schneiden Sie vorsichtig mit einem Cutter ab, sobald das Papier gut trocken ist.

Material

- Trinkgläser ohne Wölbungen
- Naturpapier in verschiedenen Farben
- Teelichter
- Tapetenkleister
- Schraubglas
- Pinsel
- Schere
- Cutter

Sanfter Schein

Diese Windlichter sehen sehr edel aus und verbreiten ein wunderbares, warmes Licht.

Blütenkelch mit Glasperlen

Umwickeln Sie die Blütenbänder mit einem langen Stück Silberdraht, indem Sie den Draht einmal hinter und einmal vor einem Blütenblatt durchführen. Das machen Sie zweimal, damit der Draht stabil genug ist. Dann verdrehen Sie die Drahtenden mit einer Flachzange.
Hat Ihr Blütenkelch viele Blätter, so hängen Sie bei jedem zweiten Einschnitt – sonst bei jedem Blatteinschnitt – ein Stückchen Draht an den Silberdraht, und zwar so: das Drahtstück mittig zweimal um den gespannten Silberdraht wickeln, so dass zwei Drahtstücke am Blatteinschnitt hängen. Auf diese Drahtstücke fädeln Sie die Perlen – ganz nach Ihrem Geschmack – auf. Besonders hübsch sieht es aus, wenn nicht alle Perlenstränge die gleiche Länge haben.
Die letzte Perle auf jedem Drahtstück wird immer fixiert. Dafür führen Sie den Draht einmal um die letzte Perle herum und stechen wieder zurück, ziehen den Draht dann noch durch die nächsten drei bis vier Perlen und schneiden ihn ab. Damit ist er verwahrt.

Material

- Transparenter, matter Blütenkelch, ca. 11 cm hoch, weiß
- Glasperlen, Plättchen, Würfel, Rechtecke, Wellen, etc., Blau-, Grün- und Türkistöne
- Rocailles, blau, türkis, silber
- Transparente Glasstifte, 20 mm lang, weiß
- Silberdraht, 0,25 mm stark
- Flachzange
- Haushaltsschere
- Teelicht oder kleine Stumpenkerze

Bordüren-Spitze

Messen Sie den Umfang des Glases und übertragen Sie dieses Maß mit Bleistift und Lineal auf die Tortenspitze. Für das Windlicht wird nur der Spitzenrand mit einem ca. 1,5 cm breiten, glatten Streifen (unter dem Spitzenrand) verwendet. Kleben Sie die glatte Fläche des Papierstreifens mit ganz wenigen Tropfen Sekundenkleber am Glas fest. Die Spitze sollte nicht mit dem Glasrand abschließen, sondern ca. 1,5 cm überstehen.
Dann umwickeln Sie den Übergang vom Papier zum Glas mit Effektdraht von der Rolle. Machen Sie das ruhig 30- bis 40-mal, denn das Windlicht erhält damit seinen besonderen Reiz. Dieser „Silbergürtel" ist ein schöner Abschluss für die Papierspitze und harmoniert wunderbar mit dem blauen Glas.

Material

- Trinkglas, ca. 8 cm hoch, blau
- Rechteckige Tortenspitze, weiß
- Sekundenkleber
- Effektdraht, 0,25 mm stark, silber
- Teelicht
- Bleistift
- Lineal
- Schere

Material

- Trinkglas, ca. 9 cm hoch
- Geschenkband, transparent, 3,5 - 4 cm breit: weiß
- Teelicht
- Ponal aus der Flasche
- Stecknadeln

In Geschenkband gehüllt

Bestreichen Sie den Anfang des Geschenkbandes mit etwas Ponal (Holzleim, Ponal hat den Vorteil, dass dieser Klebstoff nach dem Trocknen transparent wird) und drücken Sie diesen am unteren Glasrand fest.

Dann wickeln Sie das Band direkt von der Rolle fest um das Glas, und zwar so, dass das Band manchmal schräg und dann wieder gerade um das Glas liegt. Die Lagen müssen sich überschneiden.

Ist das ganze Glas eingekleidet, schneiden Sie das Band ab, kleben es mit Ponal fest und fixieren es mit Stecknadeln. Sobald der Klebstoff trocken ist, können Sie die Nadeln entfernen.

Blau ist nicht gleich Blau

Mit Jute ummantelt

Streichen Sie das ganze Glas mit Ponal (Holzleim) ein, denn dieser Leim trocknet transparent auf, und kleben Sie das auf den Umfang des Glases zurechtgeschnittene Juteband fest darum. Etwas andrücken, trocknen lassen und die überstehende Jute bis zum Glasrand abschneiden. Schon fertig!

Material

- Trinkglas, ca. 9,5 cm hoch
- Juteband, ca. 11 cm breit, blau
- Teelicht
- Schere
- Ponal

Glas-Viereck mit Windowcolor und Perlenstreuseln

Auch bei diesem Windlicht wird Windowcolor direkt aufs Glas aufgebracht. Zuerst bemalen Sie alle vier Seiten des Glases mit schwarzer Konturenfarbe. Malen Sie frei Hand unregelmäßige, geschwungene Flächen auf. Beachten Sie Seite 8.
Nachdem die Konturenfarbe trocken ist, beginnen Sie die erste Glasseite zu bemalen. Füllen Sie einige Flächen mit blauer und einige Flächen mit kristallklarer Windowcolor-Farbe aus. Manche Flächen lassen Sie auch unbemalt. In die ausgemalten Flächen streuen Sie blaue Rocailles ein, die in der Farbe haften und nach dem Trocknen dauerhaft fixiert sind.
Bevor Sie die nächste Glasseite bemalen können, müssen Sie etwas warten, bis die Farbflächen einigermaßen trocken sind und die Perlen nicht mehr herunterfallen.

Material

- Viereckiges Glas, ca. 8 cm hoch, mit eingegossener Kerze
- Windowcolor, blau, kristallklar
- Konturenfarbe, schwarz
- Rocailles, ø 2,5 mm, blau

Orient-Look mit Porzellanmalfarbe

Tortenspitzen haben tolle Muster. Warum sollten Sie es sich nicht einfach machen und diese Muster für ein Windlicht übernehmen? Schneiden Sie ein Stück Tortenspitze, das Ihnen vom Muster her besonders gut gefällt, aus, und zwar so groß, dass es genau in Ihr blaues Glas hineinpasst. Damit die Tortenspitze im Glas nicht verrutschen kann, fixieren Sie diese mit ein paar Klebefilmstreifen.
Nun müssen Sie nur noch das Muster mit Porzellan-Konturenfarbe nachzeichnen. Solange die Farbe feucht ist, können Sie mithilfe einer Pinzette die Hexagon-Perlen als Schmuck auf den Motiven anbringen.

Die Arbeit muss dann einige Stunden trocknen und wird im normalen Backofen mitsamt den Perlen gebrannt. Bei welcher Temperatur und wie lange, entnehmen Sie bitte den Angaben auf der Farbe, denn diese Angaben variieren von Hersteller zu Hersteller.

Vorsicht!
Verwenden Sie nur echte Glasperlen, denn nur diese können im Backofen mitgebrannt werden.

Material

- Trinkglas. 8 cm hoch, blau
- Rechteckige Tortenspitze, weiß
- Porzellan-Konturenfarbe, silber
- Hexagonförmige Rocailles, türkis
- Schere
- Klebefilm
- Teelicht
- Pinzette

Silberdraht liebt Perlen

Perlenschmuck in Blau und Türkis

Schneiden Sie ein Stück Faden ab, verknoten Sie diesen am oberen Rand des Windlichts und fädeln Sie das andere Fadenende durch die Perlenwebnadel. Ziehen Sie auf eine Länge von 5 cm Perlen nach Ihrem Geschmack auf und fixieren Sie die letzte Perle, indem Sie den Faden einmal vor und wieder zurückstechen und dann den Faden durch den übrigen Perlenstrang zurückführen.

Nun wickeln Sie den Faden mehrmals um den Windlichtrand, damit Sie den nächsten Perlenstrang – ca. 2 cm vom ersten entfernt – anbringen können. So fahren Sie fort, bis das ganze Windlicht mit kleinen Perlensträngen behängt ist.

Achten Sie darauf, dass die Perlenstränge unterschiedliche Längen haben. Falls der Faden zu Ende geht, verknoten Sie das Ende am Windlichtrand und setzen dort auch wieder den neuen Faden an.

Zum Schluss bekleben Sie den Windlichtrand mit drei Reihen türkisfarbenen Glasstiften. Das machen Sie am besten mit Sekundenkleber und einer Pinzette. Tragen Sie immer nur auf 2 cm bis 3 cm des Windlichtrandes Sekundenkleber auf und setzen Sie die Glasstifte mit der Pinzette auf.

Vorsicht!
Sie sollten auf keinen Fall Sekundenkleber an die Hände bekommen.

Material
- Silberfarbenes Drahtwindlicht
- Hexagonförmige Rocailles, ø 0,25 mm, anthrazit
- Glasstifte, 7 mm lang, türkis
- Glasstücke, gebrochen, matt, kobaltblau
- Perlenwebnadel
- Sekundenkleber
- Pinzette
- Polyesterfaden, schwarz oder türkis
- Teelicht

Material
- Silberfarbenes Drahtwindlicht
- Rocailles, ø 0,25 mm, orange, kobaltblau, schwarz, weiß
- Pailletten, kobaltblau
- Silberdraht, 0,25 mm stark
- Teelicht

Perlenschmuck in Orange und Blau

Schneiden Sie ein langes Stück Silberdraht ab und befestigen Sie das Drahtende durch Umwickeln am unteren Teil von einem der Stege des Windlichts. Nun fädeln Sie nach Ihrem Geschmack Rocailles in verschiedenen Farben auf und dazwischen immer wieder eine oder mehrere Pailletten.

Sie können abschnittsweise arbeiten, indem Sie nur einige Zentimeter des Drahtes mit Perlen versehen, den Draht am Windlicht befestigen und dann das nächste Stück mit Perlen bestücken und wieder um Stege oder Ränder wickeln. Sie können aber auch alle Perlen und Pailletten zuerst auf das Drahtstück auffädeln und dann den Perlenstrang um die Stege und den Windlichtrand wickeln und dekorieren.

Für romantische Sommerabende

Bemalen Sie die Metall-Konturensticker nach Wunsch mit dem METALLSTIFT und kleben Sie sie auf die Teelichtbehälter.

Material

- Teelichtbehälter aus Glas, 5,5 cm hoch, ø 4 cm
- Metall-Konturensticker, unterschiedliche Motive
- METALLSTIFT, standard, Farben nach Wunsch

Stimmungsvoller Kerzenzauber

Fertigen Sie von den unterschiedlichen Sternen Schablonen an und schneiden Sie diese aus. Legen Sie dann die Stern-Schablonen auf die Windlichter bzw. den Kerzenständer und umfahren Sie die Umrisse mit Bleistift oder einem hellen Buntstift. Malen Sie danach die Sterne und die Streifen mit dem METALLSTIFT auf. Für die innen liegenden, kleineren Sterne verwenden Sie entweder ebenfalls die Schablone oder malen sie frei Hand nach. Bei den feineren Linien wurde die Farbe übrigens mithilfe eines Pinsels aufgetragen.
Vgl. auch Seite 9.

Material

- Metall-Kerzenständer, -Windlichter etc., schwarz
- METALLSTIFT, standard, blau, grün

Vorlage Seite 88

Kleine Laterne

Beachten Sie Seite 9. Pausen Sie das Seitenteil viermal, davon zweimal ohne Seitenklebestreifen (gestrichelte Flächen) auf die Metallfolie. Alle Teile werden ausgeschnitten und geprägt. Auch das Bodenteil wird abgepaust und ausgeschnitten.
Das Papierinnenteil wird ebenfalls viermal von der Vorlage auf Naturpapier abgepaust und ausgeschnitten. Kleben Sie die Papierteile von hinten an die Metallseiten, biegen Sie alle Klebestreifen nach innen um und befestigen Sie dann die vier Seitenteile nacheinander an den Klebeflächen. Zum Schluss wird der Boden eingeklebt.

Bohren Sie in zwei der oberen Dreiecke der Laterne mit der Nadel je ein Loch. Das Drahtstück wird rund gebogen und in die Löcher gefädelt. Mit einer Zange können Sie die Endstücke umbiegen.
Stellen Sie in die fertige Laterne ein Teelicht, damit sie schön von innen leuchtet.

Motivhöhe

ca. 15 cm

Material

- Metallprägefolie, 2 A3-Bogen, silber
- Naturpapier, 2 A4-Bogen, orange
- Draht, ø 2 mm, ca. 25 cm lang
- Nadel
- Teelicht

Vorlage Seite 118

Material

- Metallfolie, 2 A3-Bogen, silber
- Naturpapier, 2 A4-Bogen
- Teelicht oder Kerze mit Kerzenhalter

Vorlage Seite 119

Tischlampe

Übertragen Sie die Vorlage für die Seitenteile aus Metall viermal auf die Metallfolie, davon zweimal nur mit Seitenklebestreifen (gestrichelte Flächen) und zweimal nur mit dem unteren Klebestreifen (beachten Sie Seite 9).
Der Boden wird ebenfalls abgepaust und aus Metallfolie zugeschnitten. Alle Metallteile werden ausgeschnitten und die Punkte und Linien von der Rückseite geprägt. Biegen Sie alle Klebestreifen nach innen und kleben Sie die vier Seitenstücke nacheinander zusammen. Nun wird der Boden von innen an den unteren Klebestreifen der Seitenteile mit Klebstoff (UHU Kraft) fixiert.
Übertragen Sie die Vorlage für die Papierinnenteile viermal auf Naturpapier (2x mit und 2x ohne Klebestreifen), schneiden Sie sie aus und falzen Sie die Klebeflächen. An jede Seite der Lampe wird von innen ein Papierteil geklebt, so dass die Überlappungen von innen sichtbar sind. In die fertige Lampe können Sie ein Teelicht oder eine kleine Kerze mit Kerzenhalter stellen.

Terrakotta-Lichter

Diese bunten Windlichter aus kleinen Terrakotta-Töpfen und Holzstäben sind nicht nur eine geeignete Beleuchtung für die nächste Gartenparty, sie geleiten Ihre Gäste auch sicher vom Gartentörchen zum Hauseingang. In einer Reihe ins Erdreich gesteckt oder vereinzelt in großen Blumenkübeln arrangiert, sind sie sogar bei Tag ein hübscher Hingucker.

Grundieren Sie zunächst die Holzstäbe und die Töpfe von allen Seiten mit weißer Acrylfarbe. Lassen Sie die Farbe trocknen. Drücken Sie dann aus dem Pen jeweils einen kleinen Klecks Farbe auf den Teller und vermischen Sie diesen mit der Acrylfarbe zu einem Pastellton. Bemalen Sie jeweils einen Topf und einen Stab im selben Farbton. Nachdem die Farbe getrocknet ist, malen Sie direkt mit dem Pen (mit unverdünnter Farbe) Streifen auf die Stäbe und einen Rand auf den Topf.

(Fortsetzung auf Seite 46)

Material

- Kleine Tontöpfe, ø 8 cm
- Rundhölzer, ø 12 mm, Länge je 50 cm
- Acrylfarbe, weiß
- Terrakotta-Pen, standard, gelb, hellgrün, orange, blau, violett
- Geschenkbänder, 10-12 mm breit, passende Farben
- Schrauben, 3 mm x 20 mm
- Kleine Schraubdeckel, passend für Teelichter (z.B. von Kapern- oder Olivengläsern)
- Unterlegscheiben (etwas größer als das Tontopfloch)
- Bohrmaschine
- Schraubendreher
- Hammer
- Pinsel
- Alter Teller

Skizze Seite 91

(Fortsetzung von Seite 45)

Bevor Sie nach dem Trocknen die Fackeln zusammenschrauben (siehe Skizze auf Seite 91), sollten Sie die Stäbe senkrecht von oben vorbohren und in die Mitte der Schraubdeckel mit einer Schraube ein kleines Loch schlagen. Stecken Sie nun von innen eine Schraube durch den Deckel und legen Sie den Deckel mit der Oberseite nach unten in den Topf, so dass die Schraube aus dem Loch des Topfes hervorschaut. Schieben Sie eine Unterlegscheibe über die Schraube und schrauben Sie den Rundstab unten an den Topf.
Zum Schluss binden Sie an jeden Topf zwei ca. 75 cm lange, farblich passende Bänder und stellen ein Teelicht in den Schraubdeckel.

Willkommens-Geister

Kranz

Sägen Sie das Holzschild nach der Vorlage aus oder verwenden Sie ein fertiges Schild. Bemalen Sie das Holzschild mit Acrylfarbe in Gelb, den Rand in Orange, der Schriftzug ist braun. Nun fehlt noch das Serviettenmotiv (siehe Seite 10). Das fertige Schild wird mit Heißkleber befestigt. Binden Sie noch die Schleife an den Kranz.

Material

- Heukranz, ø 30 cm
- Holzschild, ca. 23 cm x 8 cm
- Acrylfarbe, gelb, orange, braun
- Serviette mit Kürbismotiv
- Serviettenkleber
- Band, 1 m lang, 4 cm lang
- Heißkleber

Vorlage Seite 117

Kürbis

Höhlen Sie den Kürbis wie auf Seite 7 beschrieben aus und verzieren Sie ihn mit einem Gesicht. Die Ohren, die Sie ausschneiden, stecken Sie mit Zahnstochern wieder an. Setzen Sie den Kürbis auf den Topf mit Heu.

Material

- Kürbis, ø ca. 24 cm
- Tontopf, ø 20 cm
- Etwas Heu
- Zahnstocher
- Schneidewerkzeug

Vorlage Seite 120

Gläser

Betupfen Sie die Gläser vollständig mit Windowcolor in Orange. Anschließend malen Sie die Gesichter (vgl. Seite 8). Nach dem Trocknen lösen Sie Mund, Nase und Augen von der Folie und platzieren sie auf den Gläsern. Der Rand wird mit Schleifenband verziert.

Material

- 3 alte Einmachgläser
- Motiv-Band, 2 m lang, 4 cm breit
- Windowcolor, orange, schwarz
- Konturenfarbe, schwarz
- Schwamm

Vorlage Seite 120/121

WELCOME

Leuchtende Kürbisse

Kürbisse

Übertragen Sie die Motive auf die Kürbisse. Anschließend schneiden Sie die Motive aus den ausgehöhlten Kürbissen heraus. Beachten Sie die Anleitung auf Seite 7.

Material

- 2 Kürbisse, ø jeweils 15 cm
- Schneidewerkzeuge

Vorlage Seite 117

Kürbis mit Lichterkette

Höhlen Sie den Kürbis aus und schneiden Sie das Gesicht nach der Anleitung auf Seite 7 in den Kürbis. Dann stecken Sie die Lichterkette mit Krampen auf dem Kranz fest. Die Lampionblumen stülpen Sie über die Birnchen der Lichterkette. Bedecken Sie das Kabel mit Dschungelgras und verzieren Sie den Kranz mit Blättern. Zuletzt wird der Kürbis in die Kranzmitte gesetzt.

Material

- Kürbis, 17 cm groß
- Strohkranz, ø 25 cm
- Dschungelgras, naturfarben
- Getrocknete Blätter
- Getrocknete Lampionblumen (Physalis)
- 10er Lichterkette
- Krampen
- Schneidewerkzeuge

Vorlage Seite 117

Lasst Blumen sprechen

Kakteengrüße

Die durchgepausten Kakteen ausmalen (vgl. Seite 7), mit dem feinen Terrakotta-Konturenliner umranden und Stacheln aufmalen. Der sandige Boden in Gelb wird noch mit feinen, kleinen schwarzen Punkten bemalt. Der Rand entsteht aus einem grünen Streifen mit aufgemalter Zackenlinie und Punkten.

Material

- Terrakotta-Topf, ø 18 cm
- Terrakotta-Pen, standard, verschiedene Farben
- Terrakotta-Konturenliner

Vorlage Seite 122

Tulpenblüte

Auf den unbemalten Untergrund die Tulpen in Gelb mit etwas Rot vermischt malen. Die Blätter in hellem und dunklem Grün gestalten. Der Untersetzer erhält einen hellgrünen Streifen.

Material

- Terrakotta-Topf, ø 13 cm
- Terrakotta-Pen, standard, verschiedene Farben

Vorlage Seite 122

Siesta

Den Mexikaner und zwei Kakteen auf den vorher rot grundierten Topf übertragen und farblich gestalten. Der schwarz grundierte obere Rand wird mit bunten Zackenlinien verziert.

Material

- Terrakotta-Topf, ø 15 cm
- Terrakotta-Pen, standard, verschiedene Farben
- Terrakotta-Konturenliner

Vorlage Seite 123

Auf dem Lande

Hahn und Henne

Auf dem Terrakotta-Untergrund kommt Familie Hahn gut zur Wirkung. Kunterbunt bemalt und mit Blümchen verziert, entsteht so ein ganz besonderer Topf.
Hahn und Henne links und rechts vom Blumentopf werden aus Terrakotta-Ton modelliert. Aus einer Kugelform werden Kopf und Schwanz sowie das Fußteil herausmodelliert.
Auf dem Körper wurden Eindrücke mit einem Modellierstäbchen vorgenommen.
Nach dem Trocknen teilweise die Figuren mit Terrakotta-Pen in Braun gestalten.

Material

- Terrakotta-Topf, ø 18 cm
- Terrakotta-Pen, standard, verschiedene Farben
- Terrakotta-Konturenliner
- Terrakotta-Ton
- Modellierstäbchen

Vorlage Seite 125

Schmetterlingsstecker

Die Schmetterlinge gießen (vgl. Seite 7) und beliebig bemalen: entweder deckend oder nur teilweise, so dass der Terrakotta-Untergrund noch sichtbar ist. Oder sie bleiben in Terrakotta - je nach Geschmack!
Rundholzstäbe festkleben, sofern kein Adapter eingegossen wurde.

Material

- Gießformen: Schmetterlinge
- Gießmasse
- Terrakotta-Pen, standard, verschiedene Farben

Zwerg im Schmetterlingsland

Zwerg mit Grasteil auf den unbemalten Untergrund übertragen und farblich gestalten. Den grünen Randstreifen mit Tulpenblüten aus der Zwergenwiese verzieren.

Material

- Terrakotta-Topf, ø 20 cm
- Terrakotta-Pen, standard verschiedene Farben
- Terrakotta-Konturenliner

Vorlage Seite 124

Österliches Allerlei

Bunt bemalte Terrakotta-Eier

Die meist reliefartig geprägten Eier bemalen Sie zuerst mit dem Stift, danach werden die Feinheiten mit dem Pinsel ausgemalt. Einfache, glatte Terrakotta-Eier werden mit aufgezeichneten Dreiecken verziert oder mit Schlangenlinien versehen, die sich überkreuzen. Die so entstehenden Flächen werden ebenfalls bunt ausgefüllt. Beachten Sie Seite 7!

Minitöpfchen und -gießkännchen

Diese Kleinigkeiten können Sie beliebig mit kleinen Motiven verzieren. Sie eignen sich sehr schön als Strauch- und Geschenkanhänger oder auch als Tischdekoration.

Die bemalten **Steckeier** und das bemalte **Terrakotta-Häschen** (lasierender Farbauftrag) werden mit Bastschleifen verziert.

Die beiden anderen **Häschenstecker** sowie das **Häschen auf dem kleinen Terrakotta-Topf** müssen zuerst gegossen (Seite 7) und dann lasierend bemalt werden, dazu wird etwas Farbe aus dem Terrakotta-Pen abgepumpt und mit Wasser verdünnt.

Dadurch erzielen Sie ein partielles Durchschimmern des Untergrundes.

Die **Blumenvase mit den Vögelchen** muss nur noch farblich gestaltet werden, das Motiv ist bereits als Relief vorhanden.

Material

- Terrakotta-Figuren: Terrakotta-Eier, Minitöpfchen, Minigießkännchen, Terrakotta-Häschen, Blumenvase mit Vögelchen
- Gießformen: Häschenstecker, Häschen auf kleinem Terrakotta-Topf
- Terrakotta-Gießmasse
- Terrakotta-Pen, standard, verschiedene Farben
- Terrakotta-Konturenliner
- Bast

Kakteentöpfe

Bestreichen Sie die Blumentöpfe mit der weißen Farbe. Nach dem Trocknen messen Sie die Länge des oberen Topfwulstes genau aus und schneiden einen passenden Streifen aus der Metallfolie zu. Das entsprechende Muster wird auf den Metallstreifen übertragen und eingeprägt. Den fertigen Streifen können Sie mit UHU Kraft auf den Topfrand kleben.
Beachten Sie Seite 9.

Material

- Terrakotta-Töpfe, verschiedene Größen, z.B. ø 11 cm und 13 cm
- Deckweiß oder wetterfeste Acrylfarbe, weiß
- Pinsel
- Metallprägefolie, silber

Vorlage Seite 104

Terrakotta-Töpfe mit Blumendekor

Übertragen Sie die Blumen- und Blättermuster von der Vorlage auf die Metallfolie, prägen Sie die Folie und schneiden Sie die einzelnen Motive aus (vgl. Seite 9).
Sie werden wie auf dem Foto mit UHU Kraft auf die Töpfe geklebt.

Material

- Terrakotta-Töpfe, verschiedene Größen, z.B. ø 10 cm
- Metallprägefolie, silber

Vorlage Seite 105

Blumenvase

Auch ausgefallene Metallobjekte lassen sich mit dem METALLSTIFT mit wenig Aufwand aufpeppen (vgl. Seite 9). Bei der abgebildeten Vase handelt es sich um einen Metallkegel, der mit kleinen farbigen Blüten bemalt und dann in einen 3-beinigen Ständer eingesetzt wird. Er ist im Handel erhältlich. Der Rand des Ständers wird mit einer Mini-Rosengirlande und mehreren Schleifen aus buntem Satinband dekoriert. An die Bandenden hängen Sie kleine Dekorteile aus Metallfolie. Die Marienkäfer, die Blümchen und die Blumenvase beidseitig farbig gestalten und die Konturen schwarz umranden. Zuletzt in den oberen Rand ein Loch stanzen und die Metallteile an den Satinbändern anknoten.

Material

- Metallvase mit Ständer
- Metallprägefolie, 0,15 mm stark, silber
- Mini-Rosengirlande
- Satinband, 3 mm breit, grün, blau, gelb, rot, weiß
- METALLSTIFT, standard, blau, weiß, gelb, rot, schwarz, grün
- Konturenliner

Vorlage Seite 93

Gießkanne

Mit Schweinchen Rosa macht das tägliche Blumengießen noch mehr Freude. Übertragen Sie das Motiv auf die Außenseite der Gießkanne und malen Sie es aus (vgl. Seite 9). Anschließend werden die Konturen schwarz umrandet. Auch das Muster des Lattenzauns wird schwarz hervorgehoben.

Material

- Metallgießkanne
- METALLSTIFT, standard, hellblau, gelb, grün, orange, braun, weiß, schwarz
- Konturenliner

Vorlage Seite 92

Grosser Topf mit Blumendekor

Tragen Sie die weiße Abtönfarbe auf den Topf auf, stupfen Sie mit einem Pinsel eine Struktur in die Farbe und malen Sie die Blumen mit dem Pinsel in die noch nasse Farbe.
Lassen Sie die Farbe trocknen und bemalen Sie die Blumen mit der passenden Abtönfarbe. Die Zwischenräume mit Blau bemalen. Lassen Sie die Farbe wieder trocknen und patinieren Sie den Topf mit stark verdünnter roter Abtönfarbe. Diese gleich wieder abwischen. Zum Schluss wird die Oberfläche mit Schleifpapier bearbeitet, damit das Weiß wieder zum Vorschein kommt. Für das Aufstellen im Freien lackieren.

Material

- Tontopf, ø 29 cm
- Abtönfarbe in Grün, Rot, Blau, Weiß und Orange
- Mattlack, farblos
- Kunststoff-Folie
- Weicher Lappen
- Schleifpapier, 280er Körnung
- Pinsel

Vorlage Seite 100

Efeutöpfchen mit Kerze

Material

- Terrakottatöpfe, ø 5 cm
- Bast, natur
- Efeublätter
- Schwimmkerzen in Blau
- Klebstoff, z.B. UHU Alleskleber

Wickeln Sie den Bast um den Terrakottatopf und verkleben Sie die Enden miteinander. Darauf ein Efeublatt kleben und die Schwimmkerze in den Topf setzen.

Tipp
Wenn Sie Teelichter in kleine Tontöpfchen setzen, erhalten Sie zauberhafte Windlichter.

Blumenständer in Regenbogenfarben

Lust auf einen leuchtend-bunten Blumenständer? Es gibt fertige Holzständer sehr preiswert zu kaufen, da lohnt es sich kaum, einen solchen selbst zu fertigen. Doch wer hindert Sie, diesen nach Ihrem Geschmack individuell zu bemalen? Leider gibt es nur wenige Holzlasuren in leuchtenden Farbtönen. Vielleicht haben Sie noch Seidenmalfarbe zu Hause. Sie erhalten strahlende Farben und die Holzmaserung bleibt sichtbar. Verwenden Sie am besten für jede Farbe einen Flächenstreicher, damit Sie den Pinsel nicht immer wieder auswaschen müssen.
Malen Sie zuerst die gelbe, dann die blaue und danach die rote Farbe nass in Nass auf, damit fließende Übergänge und die Farben Grün, Orange und Violett entstehen. Sie können die Farbe in diagonalen oder Querstreifen auftragen, auch den Verlauf der Holzmaserung können Sie nachempfinden. Danach lackieren.

Material

- Blumenständer aus Kiefernholz
- Seidenmalfarbe in Rot, Blau und Gelb
- Flächenstreicher
- Mattlack

Toskanische Glasgärten

Für diese Dekoration schneiden Sie den Buchsbaum mit Stämmchen und eine Buchsbaumpflanze in Zypressenform, die andere Buchsbaumpflanze in Kugelform. Nicht jede Buchsbaumpflanze eignet sich zum Beschneiden, unter Umständen müssen Sie etwas länger suchen, um eine passende Pflanze zu finden, das gilt auch für die Zypresse.
Befreien Sie die Wurzelballen der Pflanzen von überschüssiger Erde, packen Sie sie in frisches Moos ein und stellen Sie sie in die Gläser. Das Moos hält die Ballen lange feucht.
Dekorieren Sie die Gläser mit der Terrakotta-Kugel, den Miniatur-Vasen und den Scherben.

Tipp
Zum Gießen der Pflanzen verwenden Sie am besten einen Trichter.

Material

- Zwei Windlichtgläser, 39 cm hoch, ø 22 cm
- Windlichtglas, 29 cm hoch, ø 22 cm
- Windlichtglas, 28 cm hoch, ø 17 cm
- Buchsbaum mit kleinem Stamm
- Zwei kleine Buchsbaumpflanzen
- Kleine Zypressenpflanze
- Moos
- Miniatur-Terrakotta-Vasen
- Terrakotta-Kugeln
- Terrakotta-Scherben

Material

- Servietten-motive Blaue Hyazinthen und Blaue Anemonen
- Acrylfarbe: creme, blau
- Servietten-kleber
- Klarlack
- Blumenhocker aus Holz
- Tontopf, 18 cm hoch, ø 20 cm
- Terrakotta-Vase, 18 cm hoch, ø 14 cm

Blaue Hyazinthen

Beachten Sie die Hinweise auf Seite 10. Bemalen Sie den Tontopf, die Vase und den Blumenhocker mit Acrylfarbe in Creme. Den Rand des Tontopfes malen Sie blau an.
Schneiden Sie dann fünf kleine und drei große Anemonen aus der Serviette aus. Außerdem brauchen Sie sechs Hyazinthenblüten und 20 Hyazinthen mit Zwiebel.
Bekleben Sie anschließend den Topf, die Vase und den Blumenhocker wie abgebildet.
Wenn der Serviettenkleber getrocknet ist, überziehen Sie alle Gegenstände mit Klarlack.

Sonnenblumen-Ständer

Die große Sonnenblume am Metallständer befestigen, das Bärgras drum herum aufstellen und zusammenbinden. Die grünen Ranken um das Bärgras winden, den großen Tontopf darauf befestigen. In diesen Tontopf Moos und einen kleinen Tontopf kleben, in dem kleinen Topf eine kleine Sonnenblume fixieren. Daneben eine kleine und eine mittelgroße Sonnenblume anbringen. Am Fuß des Ständers befestigen Sie drei kleinere Tontöpfe und füllen diese mit Moos und Sonnenblumen. Zusätzlich können Sie noch ein Schneckenhaus anbringen.

Material

- Metallständer
- Sonnenblumen, 20 cm, 7 cm und 4 cm groß
- Grüne Ranken
- Bärgras
- Moos
- Terrakotta-Töpfe, ø 7 cm und 4,5 cm
- Steckdraht
- Gelbe Kordel
- Schneckenhaus
- Heißkleber

Dachziegel mit zwei Blumentöpfen

Beachten Sie Seite 10/11.
Bohren Sie zuerst ein Loch zum Aufhängen und zwei Löcher zum Anbringen der Tontöpfe ein. Die Tontöpfe bemalen Sie mit Acrylfarbe in Creme, die Dachziegel in Grau. Nach dem Trocknen patinieren Sie die Töpfe. Anschließend verzieren Sie Töpfe und Dachziegel mit den Serviettenmotiven. Zuletzt werden die Töpfe an dem Dachziegel befestigt.

Material

- Dachziegel
- 2 Tontöpfe, ø 14 cm
- Serviette mit Eicheln
- Serviettenkleber
- Acrylfarbe, grau, creme
- Patina, braun
- 2 Schrauben
- 4 Muttern

Für den Garten

Beachten Sie Seite 10/11.

Sägen Sie als erstes den Tontopf in der Mitte durch, damit Sie zwei halbe Töpfe erhalten. Anschließend bohren Sie zwei Aufhängelöcher in die Dachziegel. Danach bemalen Sie den Dachziegel mit cremefarbener Acrylfarbe.

Nachdem die Farbe getrocknet ist, wird der Dachziegel mit Serviettenmotiven verziert. Die Töpfe kleben Sie mit 2-Komponenten-Kleber an den fertig dekorierten Dachziegel.

Material

- Dachziegel
- Acrylfarbe, creme
- Serviettenmotiv Garten
- Serviettenkleber
- Tontopf, ø 10 cm

Rosen und Lavendel

Strauß

Entfernen Sie alle Blätter von den Rosen. Binden Sie die Rosen kuppelförmig. Dazu fangen Sie in der Mitte mit einer Blüte an und legen die restlichen Blumen im Kreis um den Mittelpunkt herum an. Fixieren Sie das Ganze immer wieder mit Bindedraht.
Nachdem Sie auf diese Weise eine genügend große Kuppel gebunden haben, formen Sie aus drei bis vier Bärgräsern Schlaufen, legen diese mit den Blättern von unten gegen die Rosenblüten und fixieren alles mit Bindedraht.
Legen Sie über die Drahtbindestelle ein Blatt und schließen Sie den Strauß oben und unten mit Naturbast. Kürzen Sie die Stiele passend zu Ihrem Glas. Schlingen Sie zum Schluss das Organzaband um die Stiele. Dieser Strauß eignet sich zum Trocknen.

Tipp

Solch eine Menge Rosen erstehen Sie am besten günstig auf dem Markt. Durch die Art des Bindens bleiben die Blumen lange schön.

Gläser

Schichten Sie die getrockneten Rosenblüten oder das Duftpotpourri und den Lavendel in die Gläser ein.

Füllen Sie mit den frischen Rosenblüten die Gläser auf. Sie können die Blüten auf dem Lavendel trocknen lassen. Dann sollten Sie aber täglich die Blütenköpfe wenden, so lange, bis die Blüten durchgetrocknet sind.

Material

- Zwei Windlichtgläser in verschiedenen Höhen
- Drei Windlichtgläser, 11 cm hoch, ø 8 cm
- Ca. 80 Rosen
- Getrocknete Rosenblüten oder Duftpotpourri
- Lavendelblüten
- Zehn Galax-Blätter
- Grüner Bindedraht, 0,4 mm stark
- Organza-Schleifenband, 2 m lang, 4 cm breit, rot
- Naturbast
- Zwölf bis sechzehn Bärgräser

Kürbistopf

Beachten Sie Seite 10/11. Grundieren Sie zuerst Dachziegel und den Rand des Tontopfes mit dunkelgrüner Acrylfarbe. Lassen Sie sie trocknen und bestreichen Sie anschließend den Ziegel mit Krakelierlack. Den Tontopf bemalen Sie mit sandfarbenem Acryllack. Wenn alles getrocknet ist, können Sie die Serviettenmotive aufbringen. Befestigen Sie nun den Topf am Dachziegel, wie auf Seite 11 beschrieben. Nun füllen Sie den Topf mit Dschungelgras und legen den Kürbis hinein. Fertig!

Material

- Dachziegel
- Tontopf, ø 13 cm
- Serviettenmotiv Kürbisse
- Serviettenkleber
- Krakelierlack
- Acrylfarbe, dunkelgrün, sand
- Schraube
- 2 Muttern
- Dschungelgras
- Kürbis

Herbst-Blüte

Strauß

Drahten Sie zuerst den Keramikkürbis, die Fledermäuse und mehrere Büschel aus Dschungelgras an. Dann binden Sie alle Dekoelemente in der Manschette zu einem Strauß. Lassen Sie die Fledermäuse etwas höher herausstehen. Den Kürbis platzieren Sie in der Straußmitte. Die Lücken füllt Dschungelgras.

Material

- Tontopf, ø 18 cm
- Keramikkürbis, 10 cm groß
- 3 kleine Fledermäuse
- Dschungelgras
- Weidenmanschette, ø 20 cm
- 6 Eichelpicks

Kranz

Schmücken Sie den Efeukranz mit den angegebenen oder ähnlichen Dekorationsartikeln. Zuletzt hängen Sie den Kranz mit Band auf.

Material

- Brauner Efeukranz, ø 30 cm
- 5 Astern in Orange
- Fledermaus
- 3 kleine Keramikkürbisse
- Motiv-Band, 1 m lang, 4 cm breit

Kürbis

Den Kürbis nach der Anleitung von Seite 7 anfertigen.

Material

- Kürbis, 20 cm groß
- Schneidewerkzeug

Vorlage Seite 123

Topf

Den Steckschwamm im Topf befestigen. Anschließend den Steckschwamm mit Dschungelgras bedecken. Dann den Beerenkranz aufkleben und den Kürbis im Kranz befestigen.

Material

- Terrakotta-Topf, viereckig, ø 8 cm
- Steckschwamm
- Dschungelgras in Natur
- Keramikkürbis, 10 cm groß
- Beerenkranz, ø 11 cm

Sonnenblumen und Terrakotta-Schmetterlinge

Material

- Steckschaum für Frischblumen
- 6 Minisonnenblumen (z.B. Sorte Sonja)
- 3 Fruchtstände von Hypericum (Johanniskraut)
- Minizieräpfel
- Sedum
- Ziergräser (Hirse)
- Efeuranken
- Efeublätter
- Rosmarinzweige
- Lavendelzweige
- Lavendelblüten
- Naturbast
- Zinkeimer in drei verschiedenen Größen
- Terrakotta-Ton
- Terrakotta-Pen, standard, verschiedene Farben
- Ausstechform Schmetterling

Beachten Sie auch Seite 8. Schneiden Sie den gewässerten Steckschaum für die größeren Eimer so zu, dass er ca. 1 cm über den Rand steht. Bei den Minieimern sollte er etwas unter dem Rand bleiben.
Beginnen Sie mit dem größten Sonnenblumengesteck. Stecken Sie die Sonnenblumen abgestuft in den Steckschaum. Dann arbeiten Sie die Basis wie auf der Abbildung mit Efeublättern und Efeuranken, Kräutern, Gräsern, Sedum und Fruchtständen von Hypericum.
Der Bast wird zu einem Büschel gedrahtet und eingesteckt. Die Äpfelchen drahten Sie mit dünnem Steckdraht an und stecken sie ebenfalls in die Basis. Die Lavendelblüten binden Sie mit Naturbast im Gesteck fest.
Die beiden kleineren Gestecke arbeiten Sie in gleicher Art. Die Minieimerchen, die als Tischkärtchen fungieren, werden nur mit zwei Efeublättern, etwas Bast, einem kleinen Lavendelbündel und einem Äpfelchen besteckt. Zum Schluss werden die Tonschmetterlinge mit den Namen befestigt.

Anleitung für die Schmetterlinge

Wellen Sie den Terrakotta-Ton auf einer Plastikfolie ca. 4 mm dick aus und stechen Sie Schmetterlinge aus. Legen Sie diese zum Trocknen auf einen Teller. Ein Holzstäbchen oder ein Draht wird in die noch weiche Tonmasse gesteckt.
Die Schmetterlinge brauchen knapp 20 Stunden zum Trocknen. Dabei sollten sie 1-2 mal vorsichtig umgedreht werden, damit sich der Rand nicht wellt.
Dann werden sie mit dem Terrakotta-Pen bemalt und beschriftet. Achten Sie bei längeren Namen darauf, dass die Schmetterlinge groß genug sind!

Kai
Jan
Evi

Frühling - bunt und blumig

Die Blätter sollten so groß sein, dass Sie sie mühelos um die Plastikbecher wickeln können, ohne dass vom Plastik noch etwas zu sehen ist. Pro Becher benötigen Sie zwei bis drei Blätter. Geben Sie einige Tropfen Alleskleber auf den Plastikbecher, damit er nicht aus seiner Umhüllung rutscht und binden Sie die Blätter dann mit Bast fest. Die Unterseite der Blätter zeigt dabei nach außen! Schneiden Sie die Blätter am unteren Becherrand gerade. Füllen Sie die fertigen Becher mit Wasser und schneiden Sie die Stiele der Tulpen so kurz ab, dass die Blüten gerade noch über den Becherrand hinausragen.

Bei den Kerzenhaltern gehen Sie genauso vor wie bei den Vasen, nur umwickeln Sie hierfür die Teelichtgläser. Als Alternative können Sie auch von einer Klopapierrolle ca. 3 cm breite Ringe abschneiden und diese statt der Teelichtgläser verwenden.
Auf dem Foto zeigen wir Ihnen, wie Sie Vasen, Kerzen, Stroh und Eier zu einem hübschen Arrangement vereinigen.

Material

- Hellgrüner Baumwollstoff
- Plastikbecher
- Teelichtgläser
- Orangefarbene Eierkerzen
- Gefärbte oder bemalte Eier, gelb, orange, rot, rosa, violett
- Tulpen, rot, orange, gelb
- Einige große Blätter (z.B. vom Gummibaum)
- Bast
- Stroh
- Alleskleber
- Schere

Geburtstagsparty in Gelb und Rot

Füllen Sie die Kanne mit Wasser und geben Sie einige Tropfen Farbe in das Wasser, bis ein kräftiger, transparenter Farbton entsteht. Rühren Sie die Flüssigkeit um und füllen Sie einige Flaschen damit. Nun rühren Sie die nächste Farbe an und füllen sie ebenfalls in Flaschen um. Wenn alle Flaschen gefüllt sind, arrangieren Sie diese auf dem Tisch und verteilen die Schnittblumen und die Gräser.

Material

- Leere Flaschen in verschiedenen Größen
- Glas- oder Kunststoffkanne
- Farbige Tinte oder flüssige Wasserfarbe, gelb, magenta, scharlachrot
- Einige Gräser
- Diverse farblich passende Schnittblumen wie Rosen, Gerbera, Fuchsien, Bohnenblüten, Lilien, Ringelblumen, Kapuzinerkresse und Wicken

Karibische Nacht

Geben Sie das Kerzen-Gel in die Konservendosen und erhitzen Sie es im Wasserbad. Aus dem kristallklaren Gel schneiden Sie inzwischen kleine Würfel. Füllen Sie in jedes Cocktailglas einige Würfel und gießen Sie das flüssige Kerzen-Gel darüber. Entweder gießen Sie die Farben schichtweise ein und lassen zwischendurch jede Schicht abkühlen oder aber Sie gießen die verschiedenen Farben im warmen Zustand ineinander, so dass sie sich vermischen. Gießen Sie bis höchstens einen Zentimeter unter den Rand des Glases und legen Sie auf die oberste Gelschicht nochmals einige Eiswürfel aus kristallklarem Gel. Stecken Sie in die abgekühlten Kerzen je einen Docht.
Nun arrangieren Sie die Cocktail-Kerzen zusammen mit Palmblättern, Früchten und Blüten auf Ihrem Tisch.

Material

- Orangefarbener Baumwollstoff
- 3 Cocktailgläser
- 3-4 leere Konservendosen
- Kerzen-Gel, gelb, orange, rot, kristallklar
- Gewachste Dochte
- Verschiedene Früchte wie Ananas, Kokosnuss, Mango, Papaya, Kumquats, Limetten, Zitronen, Kiwis und Karambole
- Eine Strelitzien-Blüte
- Bougainvillea-Blüten
- Palmblätter

Vergessen Sie nicht, Obstsalat oder Obstsaft zu servieren - diese farbenfrohe Dekoration macht nämlich mächtig Appetit auf etwas Frisches!

Garten-party in Blau und Grün

Füllen Sie die Glasschale zu etwa zwei Drittel mit Wasser und arrangieren Sie darin Blüten, Kerzen und Mühlenbeckienranken. Legen Sie auch einige Ranken und Blüten um die Schale herum auf den Tisch – das lockert die Dekoration etwas auf. Sie können aus den Ranken auch Serviettenringe herstellen, indem Sie diese einfach um eine zusammengefaltete Serviette wickeln und mit einer Blüte schmücken.

Für die Tischkarten-Schirmchen stellen Sie am besten aus einem Kartonrest eine Schablone her, indem Sie die Umrisse des Achtecks von der Vorlage auf den Karton pausen. Schneiden Sie die Achtecke aus dunkelblauem und hellblauem Tonpapier aus und falten Sie die Form entlang den auf der Vorlage eingezeichneten Linien. Eine der Linien wird nun bis zum Mittelpunkt eingeschnitten. Beschriften Sie den Schirm auf der gegenüber liegenden Seite und kleben Sie dann die beiden neben der Schnittlinie liegenden Dreiecke übereinander. Bohren Sie mit der Schere vorsichtig ein kleines Loch in die Mitte des Schirmes und stecken Sie den Trinkhalm durch das Loch. Dieses sollte so eng sein, dass der Schirm nicht über den Halm rutscht. Notfalls fixieren Sie den Schirm mit einem Tropfen Klebstoff.

Material

- Große Schale aus blauem Glas
- Verschiedene Blüten wie Pfingstrosen, Paeonien, Rosen, Hortensien, blaue Agapanthus, Petunien, Winden
- Einige Ranken von Mühlenbeckie (neuseeländischer Knöterich) oder Ficus pumila (kriechender Knöterich)
- Schwimmkerzen
- Tonpapierreste, dunkelblau, hellblau
- Kartonrest
- Trinkhalme
- Lackstift, blau, weiß
- Kalligrafietusche, blau, weiß

Vorlage Seite 102

Saftige Erdbeeren

Material

- Serviettenmotive Erdbeeren und Erdbeertorte
- Serviettenkleber für Textilien
- Vliesofix®
- Weiße Kissenhülle aus Baumwolle, 39 cm x 39 cm (vorgewaschen)
- Weißes Platzset aus Baumwolle, 34 cm x 43 cm (vorgewaschen)

Kissen und Platzset

Bügeln Sie zuerst das Motiv, nur die oberste Lage der Servietten, auf Vliesofix®. Decken Sie die Serviette dabei mit Backpapier ab.

Anschließend schneiden Sie das Motiv aus und positionieren es auf der Kissenhülle. Ziehen Sie dann die Folie von der anderen Seite des Vliesofix® ab und bügeln Sie das Serviettenmotiv auf. Bedecken Sie das Motiv dazu erneut mit Backpapier, um die Serviette zu schonen. Danach durchtränken Sie die Serviette und den Stoff mit Textil-Serviettenkleber, so dass sich Serviette und Stoff verbinden. Arbeiten Sie etwas über den Motivrand hinaus, damit das Motiv vollständig mit dem Stoff verbunden wird. Anschließend lassen Sie den Serviettenkleber 72 Stunden lang aushärten. Eine zusätzliche Fixierung ist nicht notwendig.

Tablett

Bemalen Sie den Rand des Tabletts mit roter Acrylfarbe. Nach dem Trocknen der Farbe bekleben Sie die Tablettinnenseite mit der Erdbeerserviette (Seite 10/11).

Material

- Holztablett, 24,5 cm x 33 cm
- Acrylfarbe, rot
- Serviettenmotiv Erdbeeren
- Serviettenkleber

Rosen-Dosen

Beachten Sie auch Seite 10/11.

Runde Dose

Bemalen Sie die Dose und den Dosendeckel vollständig mit orangefarbener Acrylfarbe. Die Holzkugeln und der Knauf werden hellgrün angemalt. Anschließend bekleben Sie die Dose und den Deckel mit dem Serviettenmotiv. Sparen Sie den Deckelrand aus.
Zuletzt kleben Sie vier Kugeln mit Holzleim unter die Dose und den Knauf mittig auf den Dosendeckel.

Material

- Pappdose, ø 24 cm
- 4 Holzkugeln, ø 3,5 cm
- Holzknauf
- Holzleim
- Serviettenkleber
- Serviettenmotiv Rosen
- Acrylfarbe, orange, hellgrün

Quadratische Dose

Diese Dose bemalen Sie mit hellgrüner Acrylfarbe, die Holzkugeln und den Knauf in Orange.
Den Dosendeckel bekleben Sie ganz mit dem Serviettenmotiv. Für die Dosenseiten schneiden Sie jeweils ein Rosenmotiv für jede Seite aus, das anschließend wie abgebildet aufgeklebt wird. Die Holzkugeln kleben Sie als Füße mit Holzleim unter der Dose fest. Den Knauf befestigen Sie in der Mitte des Dosendeckels.

Material

- Pappdose, 18 cm x 18 cm
- 4 Holzkugeln, ø 3,5 cm
- Holzknauf
- Holzleim
- Serviettenkleber
- Serviette mit Rosenmotiv
- Acrylfarbe, orange, hellgrün

Briefkasten

Diesen auffallenden Metallbriefkasten können Sie ganz nach Wunsch oder nach dem Foto bemalen.
Im gut sortierten Fachhandel erhalten Sie außerdem spezielle Vorlagen für Metallobjekte, die Sie auf den jeweiligen Metallgegenstand übertragen können - auch auf diesen Briefkasten.

Beachten Sie auch Seite 9.

Material

- Mailbox, ca. 44 cm x 22 cm x 16 cm, silber
- METALLSTIFT-Konturenliner, schwarz
- METALLSTIFT, standard, rot, orange, violett, gelb, blau, grün, weiß, schwarz

Die Post ist da!

Den Raben übertragen Sie entweder mithilfe von Schablonen oder mit Pauspapier auf die Mailbox. Malen Sie den Raben dann wie abgebildet mit dem METALLSTIFT an. Der Zeitungsbote und der Briefträger werden sich sicher über Ihre tolle Mailbox freuen.

Material

- Mailbox, 50 cm x 18 cm x 23,5 cm
- METALL-STIFT-Konturenliner, schwarz
- METALL-STIFT, standard, 4 mm, weiß, orange, schwarz

Vorlage Seite 126/127

Willkommensgrüße

Dieser Dachziegel behält seine Naturfarbe, wird also nicht mit Acrylfarbe bemalt. Daher können Sie gleich mit dem Anbringen der Servietten beginnen, beachten Sie dazu die Anleitungen auf Seite 10/11. Zeichnen Sie anschließend den Schriftzug „Willkommen" frei Hand vor und fahren Sie ihn mit dem blauen Terrakotta-Pen nach. Zum Schluss bohren Sie zwei Löcher in den Dachziegel, ziehen das blaue Band durch und binden es an den Enden zu einer Schleife zusammen. Schon können Sie Ihre Gäste originell willkommen heißen!

Material

- Dachziegel
- Serviettenmotiv Iris
- Serviettenkleber
- Terrakotta-Pen, standard, blau
- Band, 1 m lang, 5 mm breit, blau

Dachziegel mit Meisenknödel

Bohren Sie in den Dachziegel zwei Löcher: ein Loch zum Aufhängen und eines zum Befestigen des Topfs (siehe Seite 10/11).
Dann bemalen Sie den Tontopf, die Holzkugel und den Dachziegel mit hellblauer Acrylfarbe. Verzieren Sie die Objekte mit den abgebildeten Serviettenmotiven.
Mit Pluster-Pen setzen Sie kleine weiße Tupfen auf Dachziegel und Tontopf. Das wirkt wie Schneegestöber.
Befestigen Sie nun den Topf am Dachziegel und hängen Sie den Meisenknödel in den Topf, indem Sie den Bast durch die Holzperle fädeln und den Bast mit der Perle durch das Loch von oben in den Topf führen. Die Holzperle liegt nun auf dem Topf und darin knoten Sie den Meisenknödel am Bast fest.

Material

- Dachziegel
- Tontopf, ø 8 cm
- Kleine Holzkugel
- Acrylfarbe, hellblau
- Serviettenkleber
- Serviettenmotiv Winter-Meise
- Pluster-Pen, weiß
- Meisenknödel
- Naturbast
- 1 Schraube
- 2 Muttern

Hortensienkranz

Bestecken Sie den Styroporkranz vollständig mit den getrockneten Hortensien. Zwischen die Hortensien werden anschließend die Apfel- und Beerenpicks geklebt.
Die Weidenkugeln befestigen Sie auf einer Seite des Kranzes. Der fertig dekorierte Kranz wird zuletzt mit einer Juteschleife verziert, in die ein Beerenpick gebunden wird.

Material

- Styroporkranz, flach, ø 25 cm
- Bordeaux-rote, getrocknete Hortensien
- 2 bordeaux-rote Weidenkugeln, ø 7 cm
- 4 blaue Brombeerpicks
- 3 bordeauxfarbene Apfelpicks
- Krampen
- 1 m bodeauxfarbenes Juteband (für die Schleife), 10 cm breit

Kürbisse

Kranz

Verteilen Sie Kürbisse, Heubündel und Astern auf dem Efeukranz. Wenn die einzelnen Dekorationselemente an ihrem Platz liegen, fixieren Sie sie. Aus Juteband und Hanf binden Sie eine Schleife, die Sie an einer Kranzseite befestigen.

Material

- Efeukranz, ø 28 cm
- 4 runde Kürbisse
- Orange-braune Astern
- 2 Heubündel, 8 cm groß
- 1 m gelbes Juteband (für die Schleife), 5 cm breit
- 1 m orange-farbener Hanf

Wandkorb

Zuerst befestigen Sie den Steckschwamm im Wandkorb. Dann decken Sie den Schwamm mit Heu ab. Anschließend verteilen Sie Kürbisse und Maiskolben im Korb und kleben sie fest. Als letztes arrangieren Sie das Herbstlaub zwischen Kürbissen und Maiskolben.

Material

- Weidenkorb für die Wand, ø 30 cm
- Steckschwamm
- Künstliches Herbstlaub
- 4 runde Kürbisse
- Großer ovaler Kürbis
- 3 Maiskolben
- Heu

Lustige Hausnummer

Beachten Sie Seite 10/11. Zuerst werden zwei Löcher zum Aufhängen des Dachziegels gebohrt. Anschließend grundieren Sie den Ziegel mit der cremefarbenen Acrylfarbe. Dann wird der Ziegel wie abgebildet mit Serviettenmotiven verziert. Die Hausnummer malen Sie frei Hand mit Terrakotta-Pen auf.

Material

- Dachziegel
- Serviettenmotiv Vögel
- Serviettenkleber
- Acrylfarbe, creme
- Terrakotta-Pen, standard, gelb

Sonniges Türschild

Bekleben Sie den naturbelassenen Dachziegel wie abgebildet mit Sonnenblumenmotiven. Anschließend wird der Dachziegel frei Hand mit Ihrem Familiennamen beschriftet. Bohren Sie ein Loch in den Dachziegel (achten Sie dabei darauf, dass das Gewicht auf beiden Seiten gleich hoch ist), ziehen Sie eine Schnur hindurch und hängen Sie Ihr sonniges Türschild auf.

Material

- Dachziegel
- Serviettenkleber
- Serviettenmotiv Sonnenblumen
- Terrakotta-Pen, standard, gelb

Sonniges Türschild

Freundliches Welcome-Schild

Grundieren Sie den Dachziegel mit cremefarbener Acrylfarbe. Bringen Sie die Serviettenmotive und anschließend den Schriftzug mit dem grünen Terrakotta-Pen an. Bohren Sie zwei Löcher in den Dachziegel. Ziehen Sie entweder eine Schnur oder ein Band durch die Löcher, um den Dachziegel aufzuhängen oder befestigen Sie ihn mit entsprechend großen Schrauben oder Nägeln.

Material

- Dachschindel
- Acrylfarbe, creme
- Serviettenkleber
- Serviettenmotiv Topiary-Bäumchen
- Terrakotta-Pen, standard, grün

Vorlage Seite 117

Herzlich willkommen!

Schmirgeln Sie die Vorder- und Rückseite des Sperrholzstücks gründlich ab, genauso auch die Kanten. Übertragen Sie dann die Konturen für die Rückseite, wie auf Seite 6 beschrieben. An einem Ende flachen Sie den Rundstab ca. 3 cm ab, um den Stern dann daran anzuleimen. Grundieren und bemalen Sie den Stern. Zeichnen Sie mit dem Lackstift vorsichtig die Konturen und die Schriftzüge nach. Abschließend versiegeln Sie das Werkstück mit der Dickschichtlasur.

Tipp

Auf der Rückseite des Sterns „Herzlich Willkommen" steht „Auf Wiedersehen". Sie können ihn auch beliebig beschriften. Wie wäre es mit „Hallo" und „Tschüss"?

Motivhöhe

ca. 33 cm

Material

- Sperrholz, 6 mm stark, 38 cm x 36 cm
- Rundstab, ca. 50 cm lang, ø 12 mm
- Acryllack in beliebigen Farben
- Lackstift, schwarz
- Dickschichtlasur, farblos
- Rundkopfstifte aus Messing, 1,4 mm x 13 mm

Vorlage Seite 128/129

Lustige Spaßvögel

Beachten Sie Seite 6.
Übertragen Sie die Konturen dieses lustigen Türschildes auf das Sperrholz und sägen Sie die einzelnen Teile aus. Jedes Familienmitglied bekommt seinen eigenen Apfel.
Für den Innenausschnitt im Blattwerk bohren Sie zuerst ein Loch in das auszusägende Holz. Dann lösen Sie das Sägeblatt auf einer Seite, führen das Blatt durch das Bohrloch und spannen es wieder in die Säge ein. Haben Sie die innere Kontur ausgesägt, verfahren Sie wieder genauso: Sägeblatt lösen, vorsichtig die Säge vom Werkstück trennen und das Blatt erneut wieder einspannen und festschrauben.
Bohren Sie jetzt die einzelnen Löcher, an den in der Vorlage gekennzeichneten Stellen. Denken Sie daran, ein Stückchen Restholz unter die zu bohrende Stelle zu legen, damit die Bohrlöcher nicht ausreißen.
Nach dem Schmirgeln der Kanten und Entstauben der einzelnen Teile, folgt das Grundieren und Bemalen der einzelnen Teile entsprechend der Abbildung. Den Stamm können Sie noch mit Rot und Gelb schattieren. Das Blattwerk kann mit Gelb und Weiß lebhafter gestaltet werden.
Wenn die Farbe getrocknet ist, bestreichen Sie auch die Rückseite noch einmal in Weiß. Durch mehrere Anstriche ist das Holz besser vor Witterungseinflüssen geschützt.
Mit dem Lackstift zeichnen Sie die Konturen nach und beschriften dann Ihr Schild mit den gewünschten Namen. Damit Sie auch wirklich lange Freude an Ihrem neuen Türschild haben, überziehen Sie alle Einzelteile noch von allen Seiten mit der Dickschichtlasur.
Mit dem Lederbändchen knoten Sie die einzelnen Äpfel in verschiedenen Höhen unter den Stamm.

Motivhöhe

ca. 18,5 cm (Motiv ohne Äpfel)

Material

- Sperrholz, 6 mm stark, 30 cm x 30 cm
- Acryllack in verschiedenen Farben
- Lackstift, schwarz
- Dickschichtlasur, farblos
- Lederband, grün
- Bohrer, ø 3 mm

Vorlage Seite 130/131

Türkranz

Sägen Sie zuerst das Welcome-Schild gemäß der Vorlage aus Sperrholz aus. Anschließend bemalen Sie das Schild mit sandfarbener Acrylfarbe. Während die Farbe trocknet, befestigen Sie die Vogelhäuser und Töpfe auf dem Buchsbaumkranz wie abgebildet. Übertragen Sie dann den Schriftzug auf das Schild und malen Sie ihn mit schwarzem HOLZ-PEN nach. Neben dem Schriftzug platzieren Sie das kleine Vogelhaus und die Gießkanne. Befestigen Sie das Schild am Kranz und verzieren Sie den fertigen Kranz mit einer Schleife aus Naturbast. Beachten Sie Seite 6.

Material

- Sperrholz, 5 mm stark
- Acrylfarbe, sand
- Naturbast
- HOLZ-PEN, standard, schwarz
- Buchsbaumkranz, ø 25 cm
- 2 Holzvogelhäuser, 5 cm groß
- 2 Mini-Holzblumentöpfe
- 1 Mini-Holzvogelhaus
- 1 Mini-Holzgießkanne

Vorlage Seite 131

Feierliches Leuchten

Beachten Sie Seite 6. Hängen Sie den kleinen Stern in die Mitte des großen, nachdem Sie dessen sternförmige Mitte (gestrichelte Linie) herausgesägt haben.
Beim beleuchtbaren Stern rechts werden der große und der kleine Stern (gestrichelten Innenstern nicht heraussägen) je zweimal benötigt. Die beiden großen Sterne werden je einmal angebohrt. Leimen Sie nun die sechs Konusplättchen auf einen der großen Sterne. Nun kann der zweite große Stern aufgeleimt werden. Achten Sie darauf, dass die Bohrlöcher beider Sterne genau übereinander liegen und Sie gegebenenfalls die weniger schöne Seite nach innen nehmen.
Jetzt werden beidseitig die kleinen Sterne versetzt auf die großen geleimt. Führen Sie anschließend die doppeladrige Lampeninstallation in den Stern ein. Dann wird ein Drahtstift oder ein dünnes Holzstäbchen in die Bohrung des vorderen Sterns und durch das zweiadrige Kabel bis zum hinteren Stern durchgesteckt. Jetzt ist die Installation befestigt und der Stern kann daran aufgehängt werden.

Motivhöhe
ca. 21 cm

Material
- Sperrholz, 3 mm stark
- 6 Konusplättchen, ø 20 mm
- Holzbohrer, ø 2 mm
- Faden, beigefarben
- Lampeninstallation

Vorlage Seite 127

Lustige Schneemänner

Seite 2

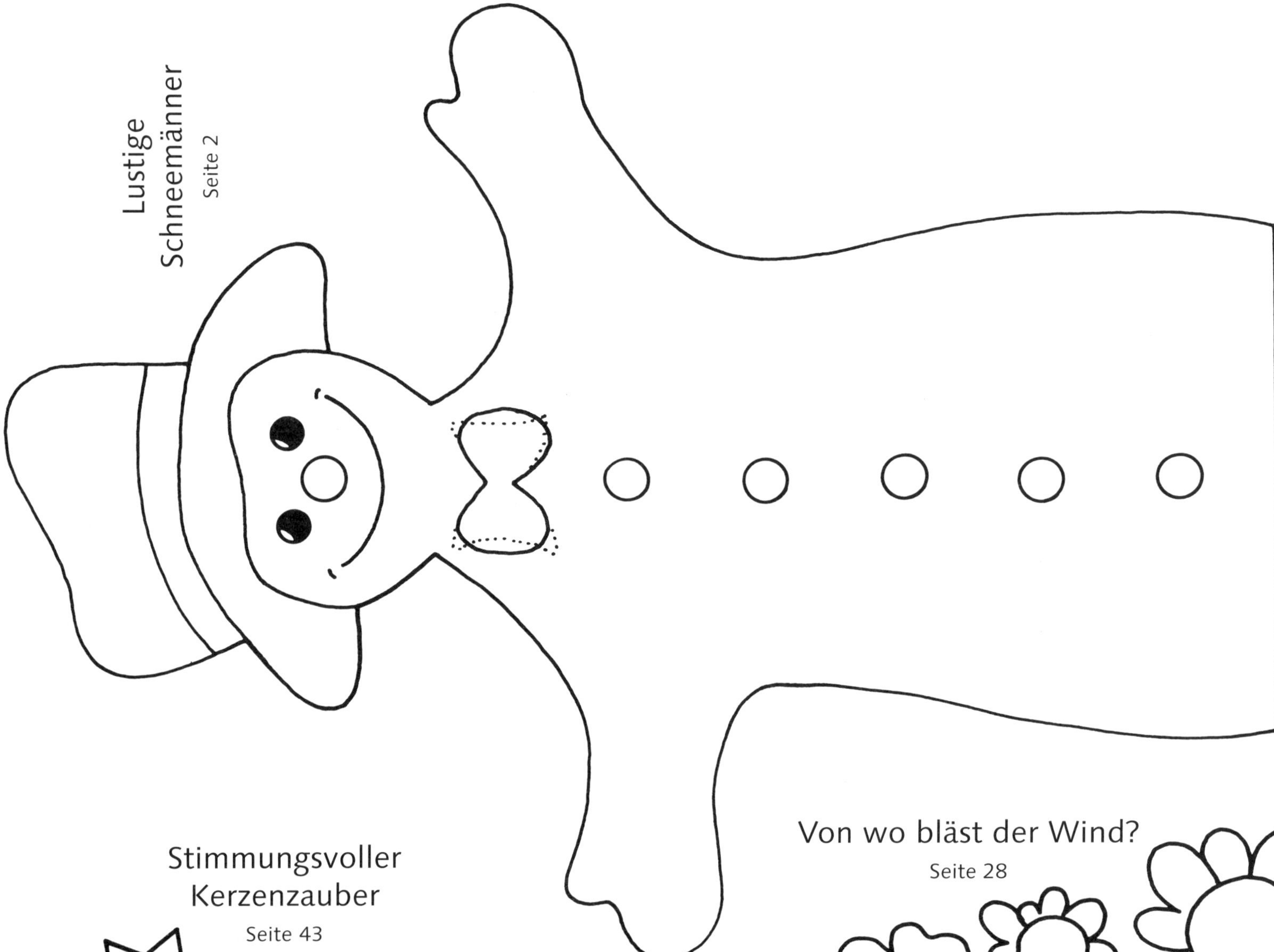

Stimmungsvoller Kerzenzauber

Seite 43

Von wo bläst der Wind?

Seite 28

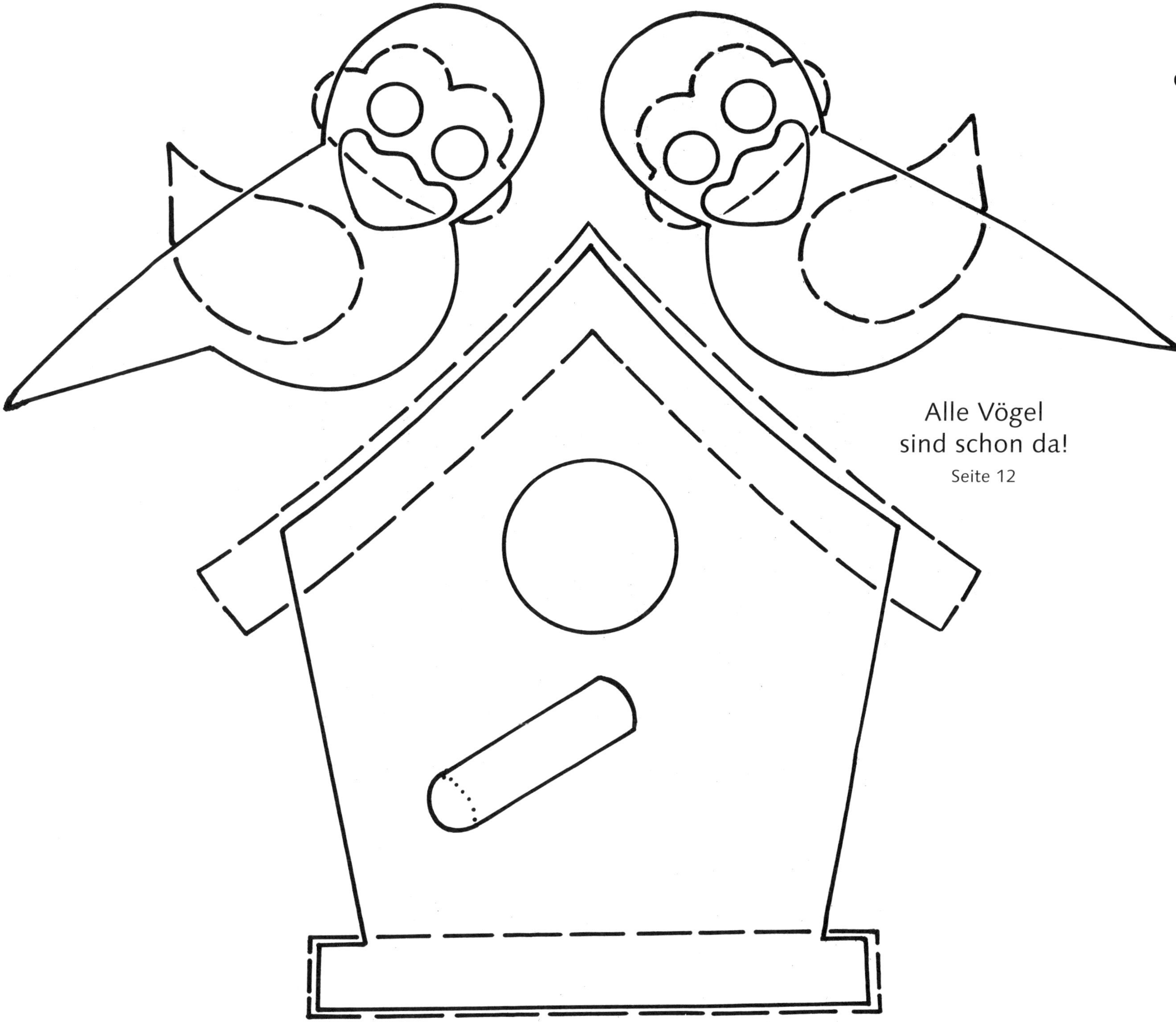

Alle Vögel
sind schon da!
Seite 12

Stacheliges mit Pilzen

Seite 13

Stacheliges
mit Pilzen

Seite 13

Terrakotta-Lichter

Seite 45

Skizze

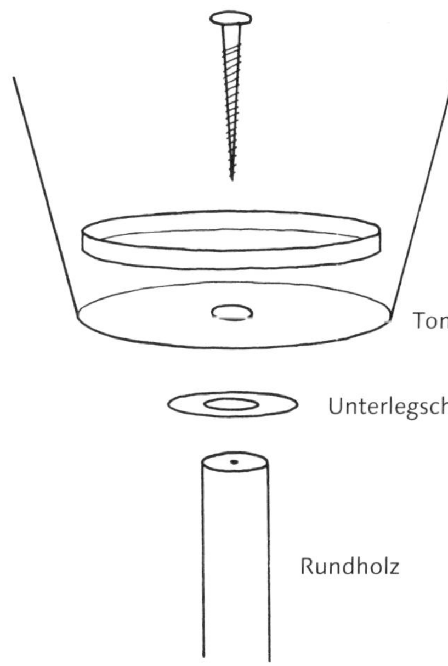

Flieg,
Käferchen, flieg

Seite 14

Gießkanne

Seite 57

Flieg, Käferchen, flieg

Seite 14

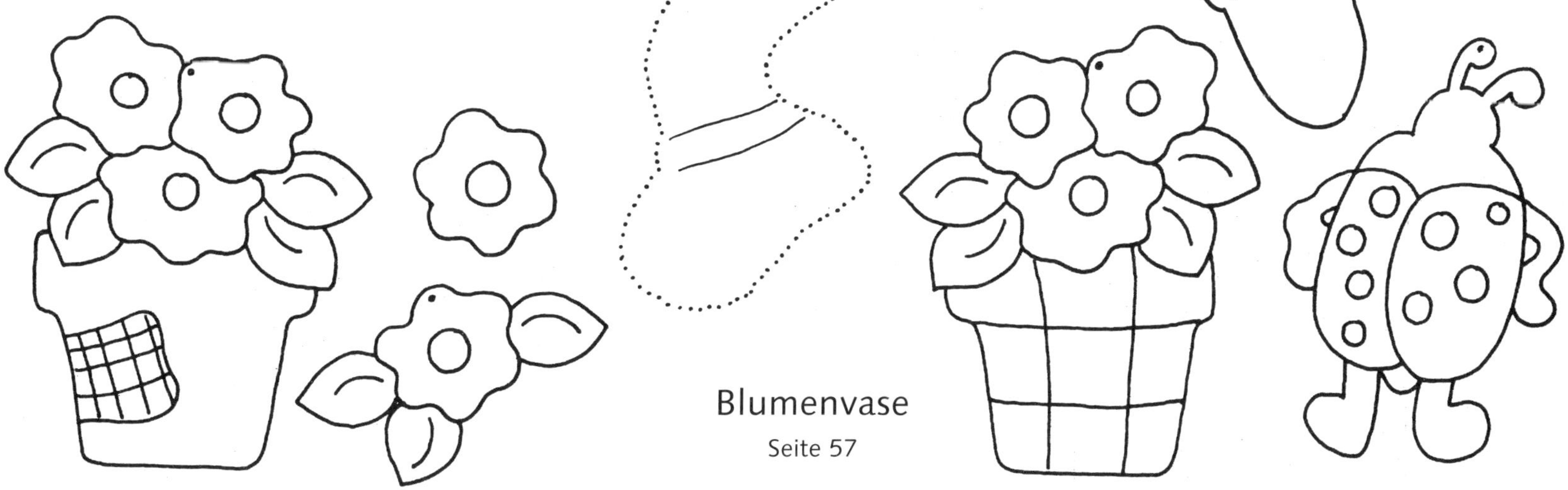

Blumenvase

Seite 57

Zwei Gänse auf Stäben

Seite 15

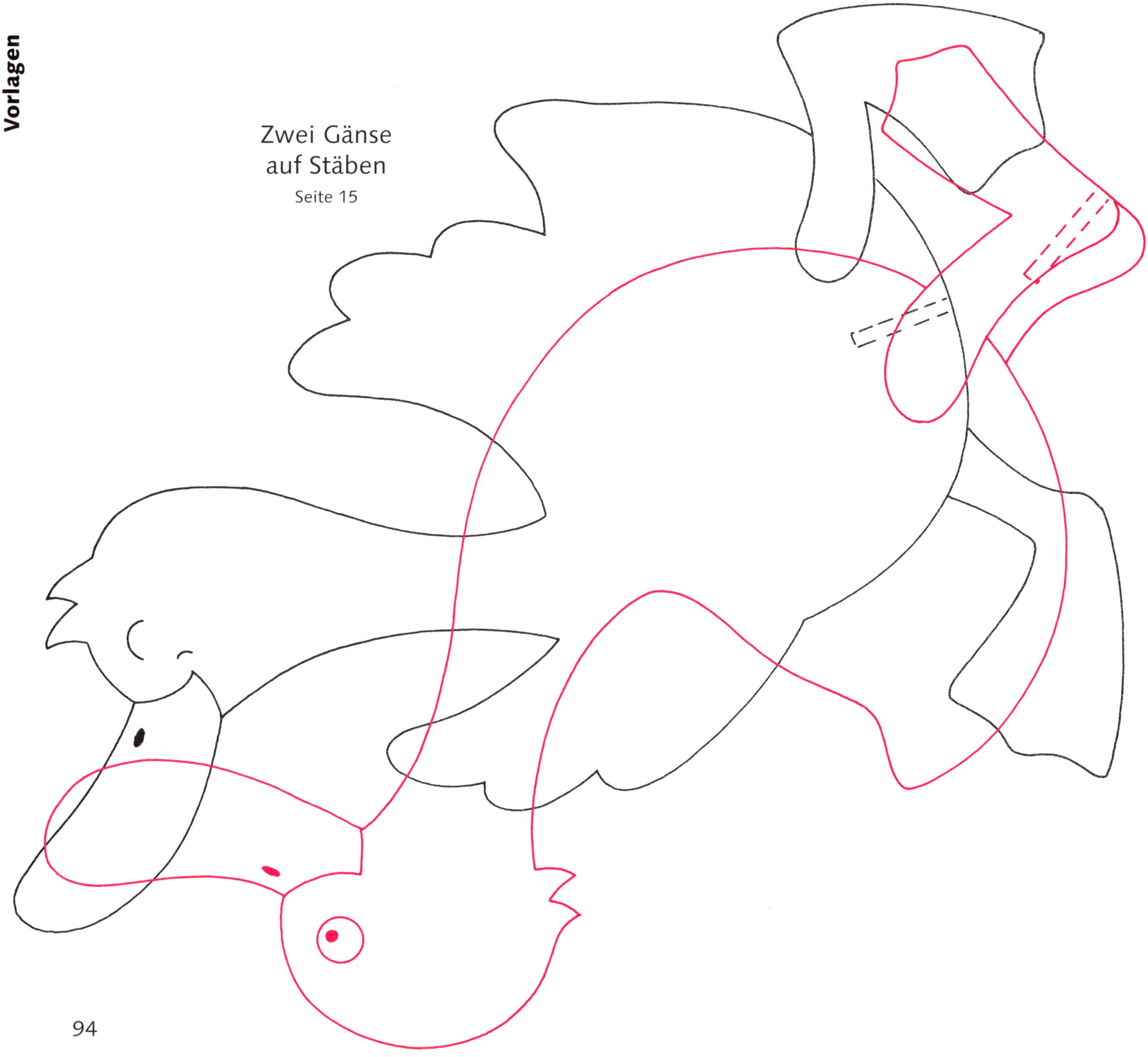

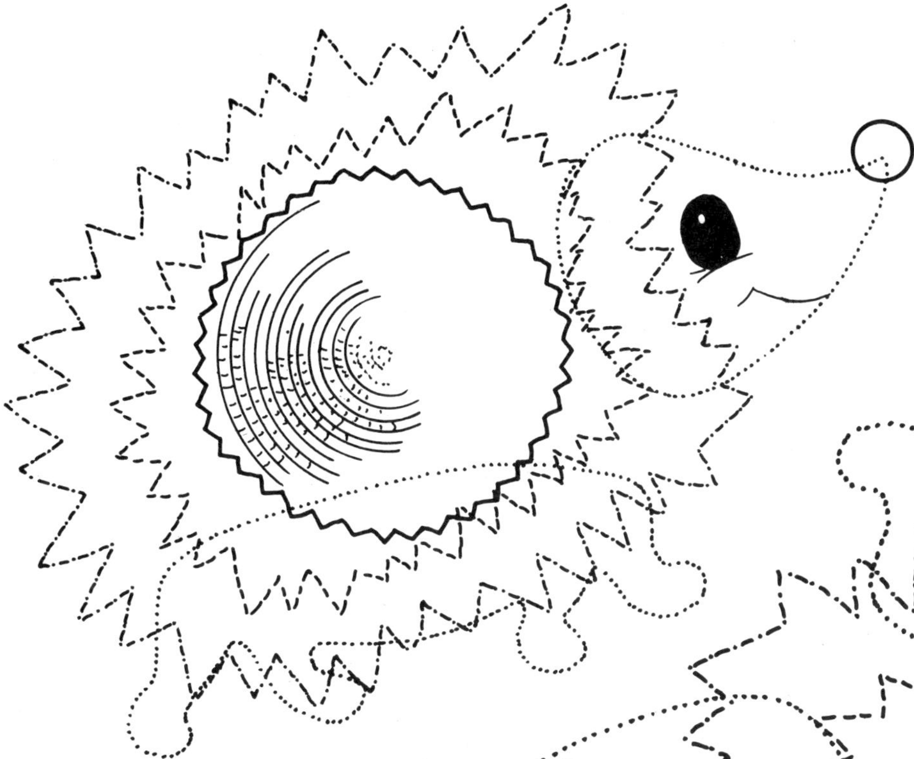

Igelfamilie auf
Wanderschaft

Seite 22

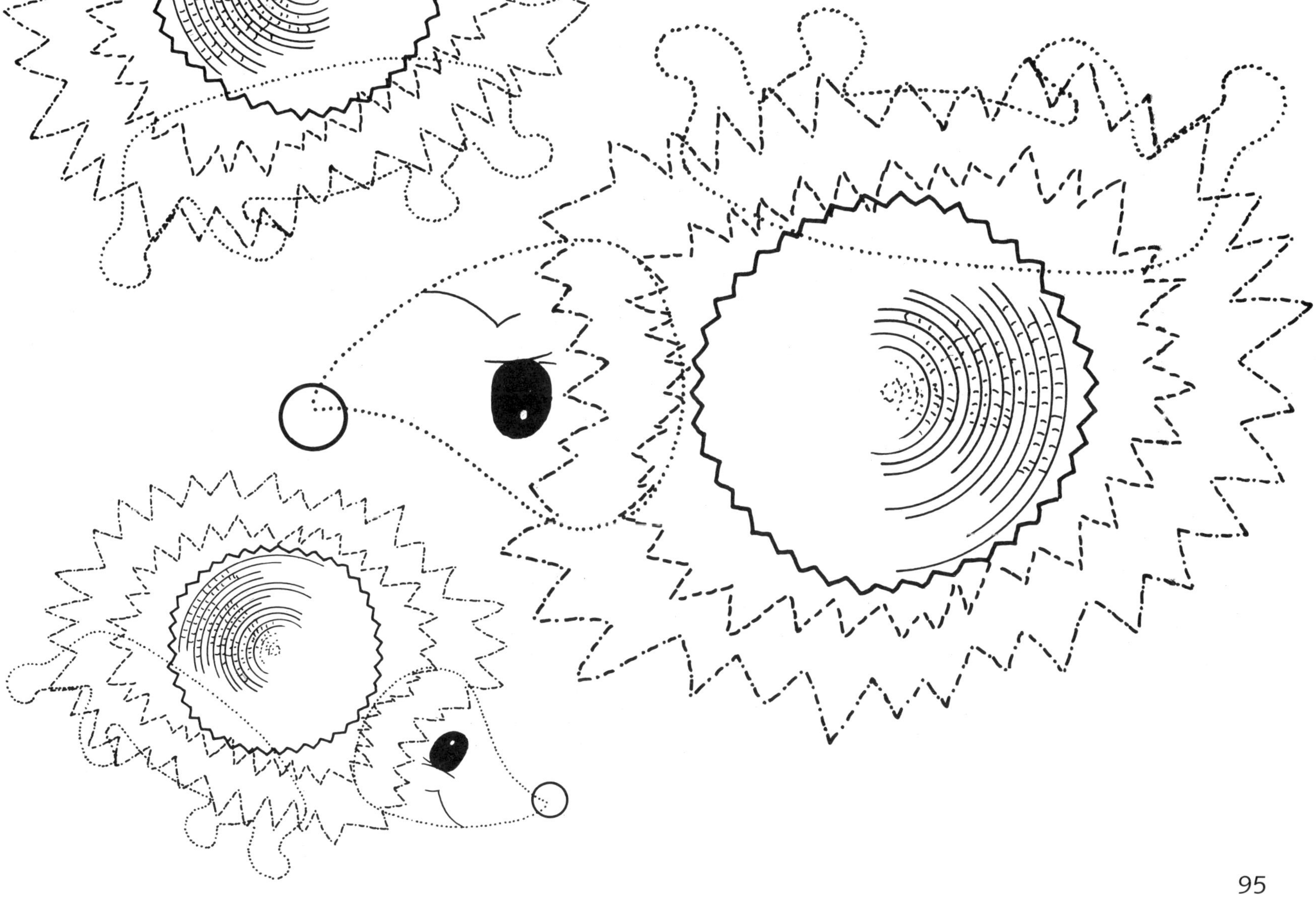

Vorlagen bitte auf
142 % vergrößern

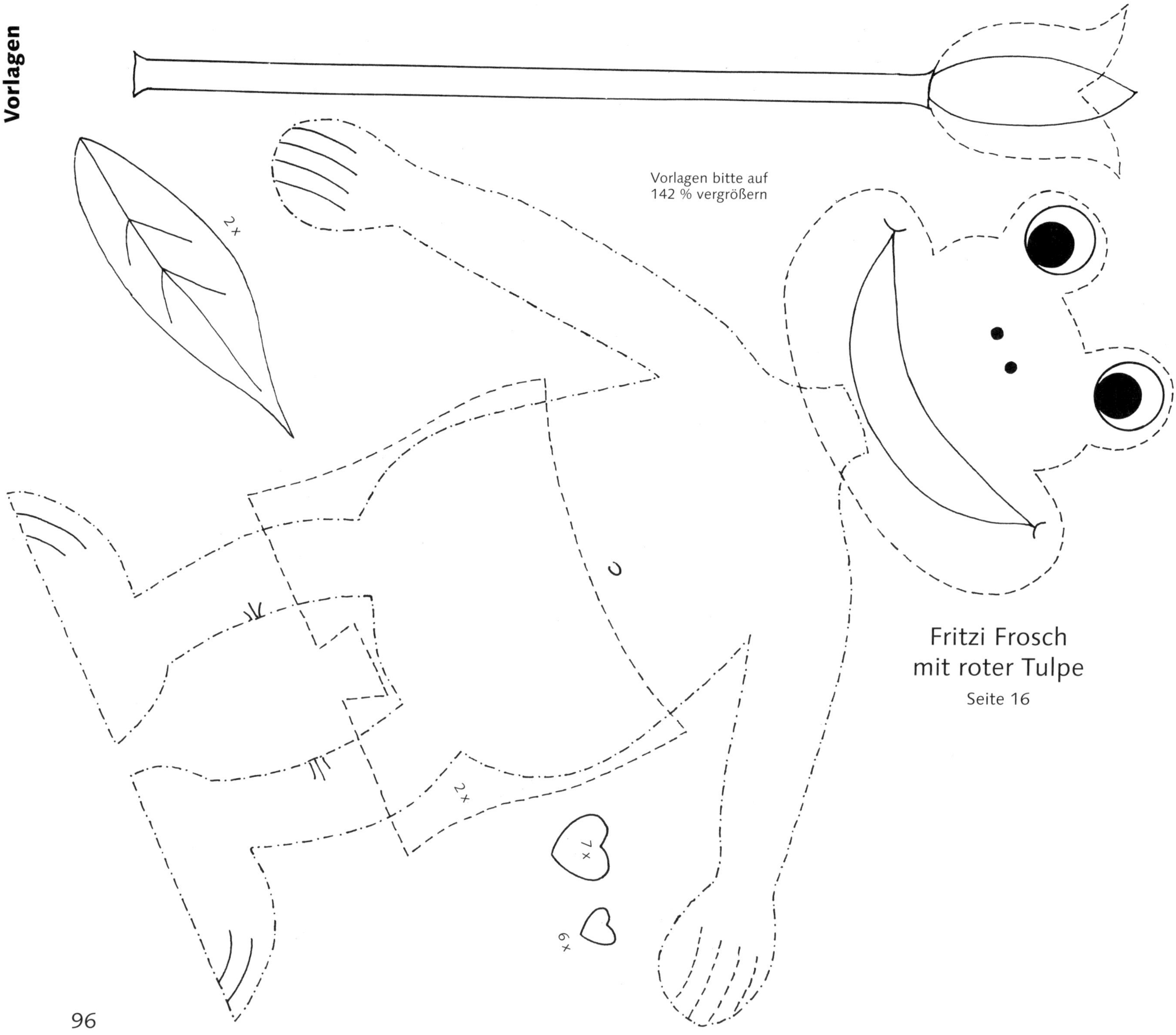

Fritzi Frosch
mit roter Tulpe
Seite 16

Spaßige Vögel

Seite 17

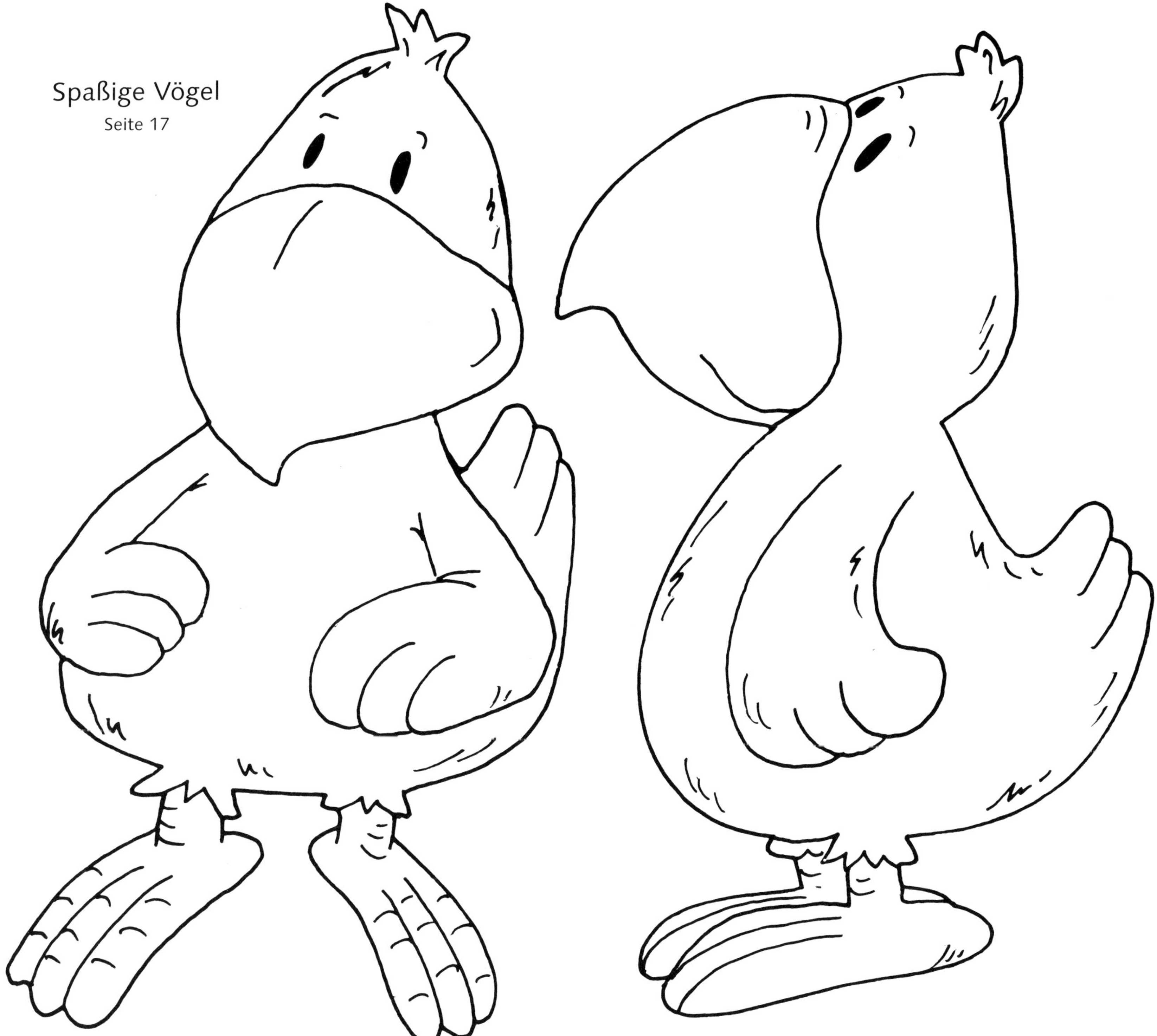

Ein geselliges Papageienpärchen

Seite 18

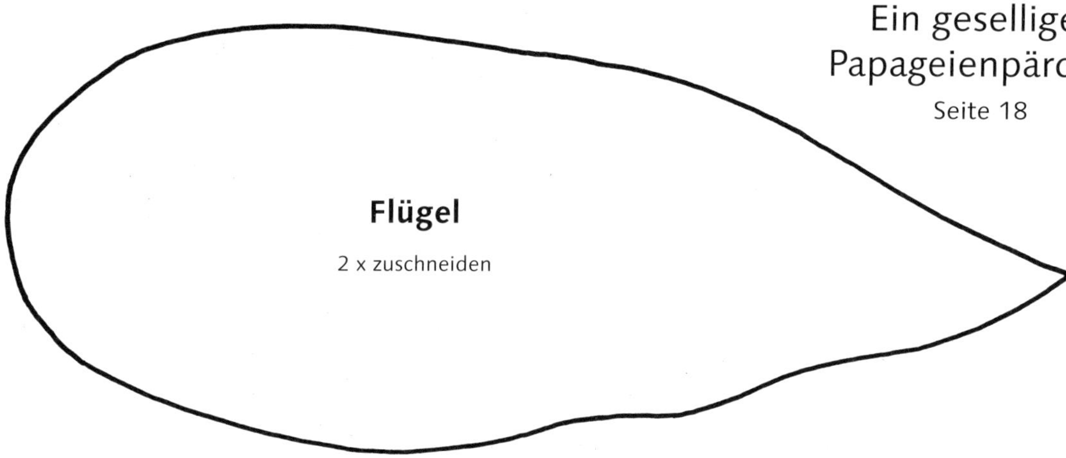

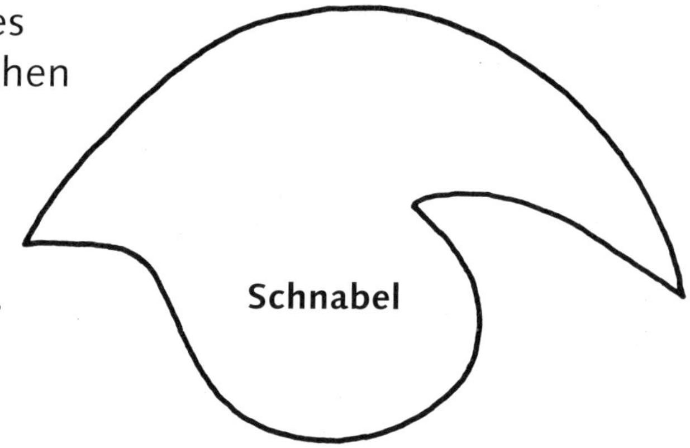

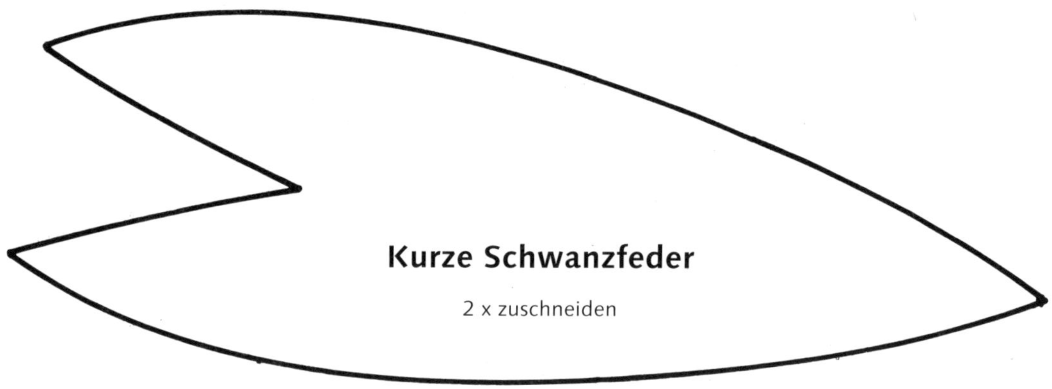

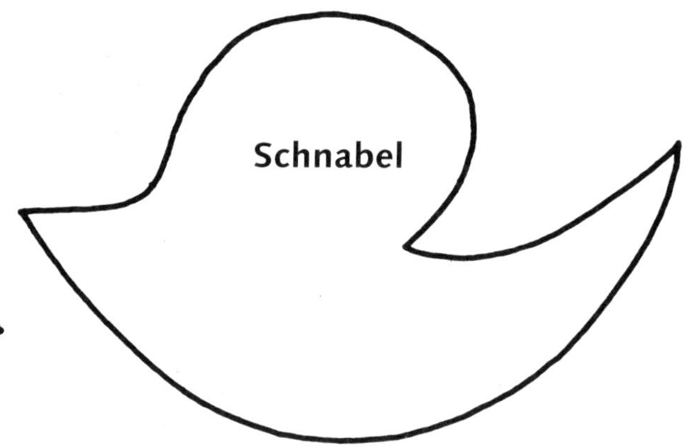

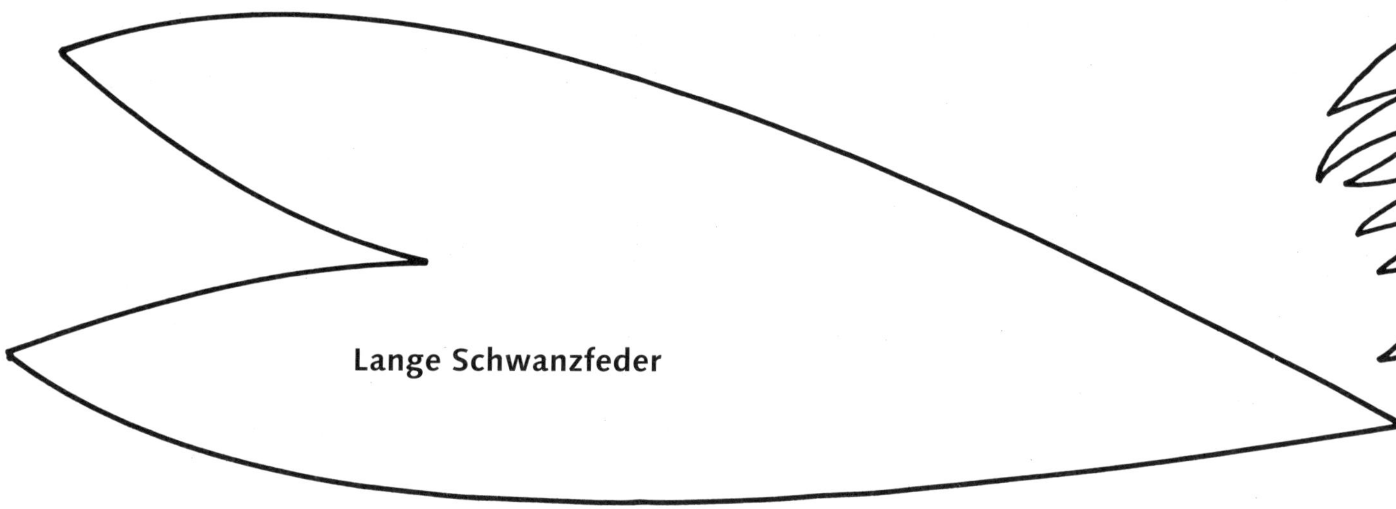

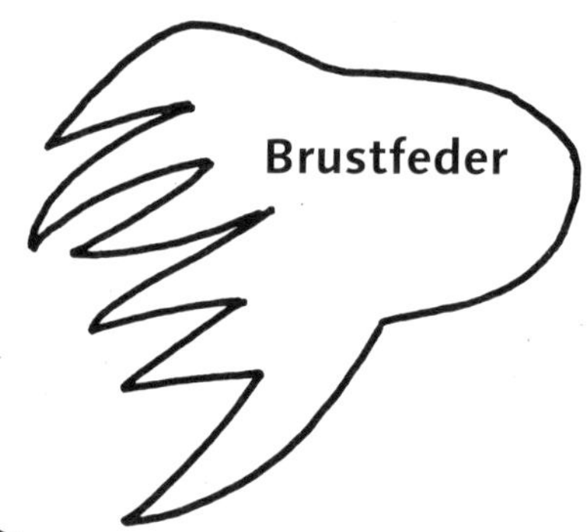

Ein geselliges Papageienpärchen

Seite 18

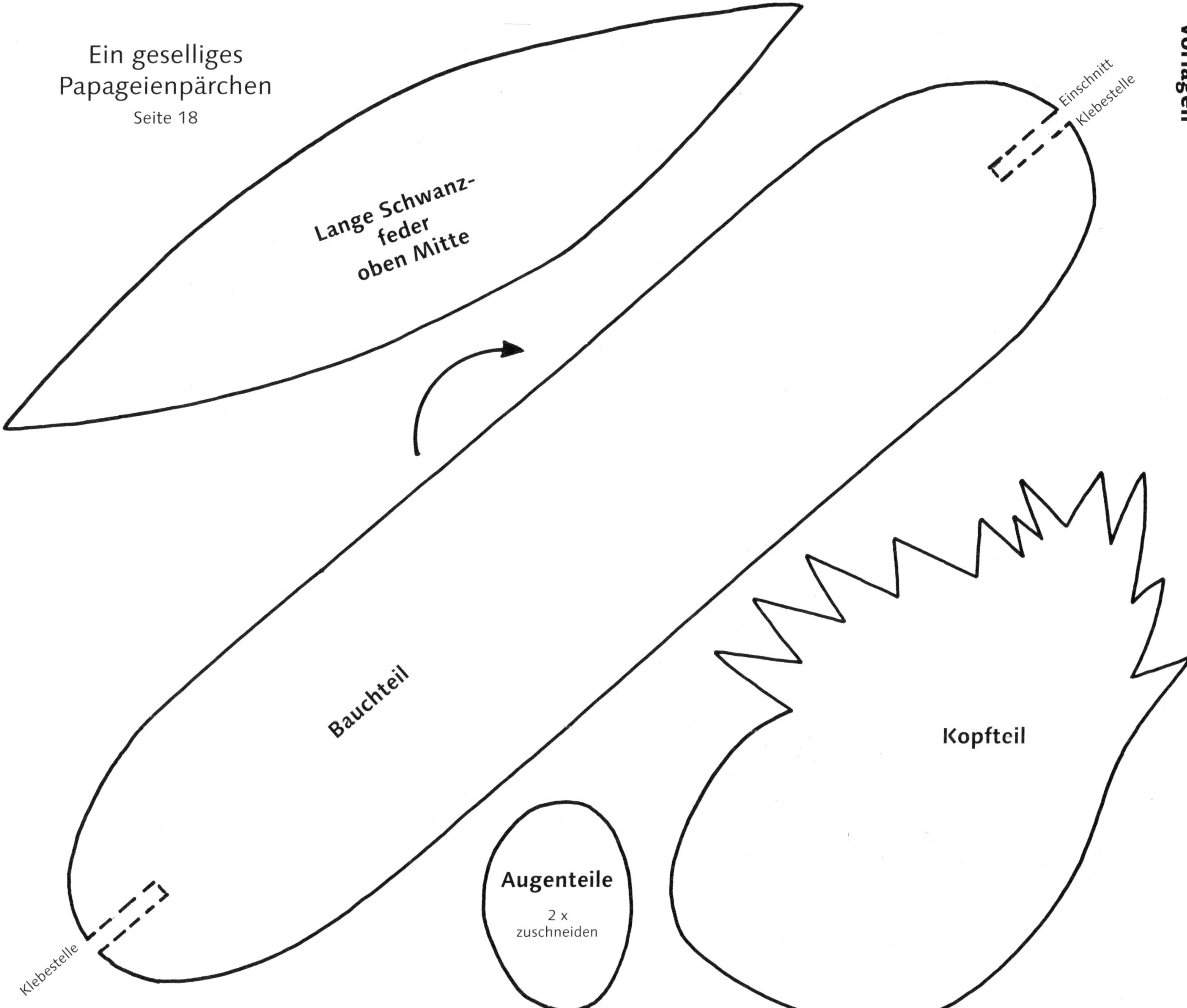

Grosser Topf mit Blumendekor
Seite 56

Narzissen- und Tulpenstecker
Seite 19

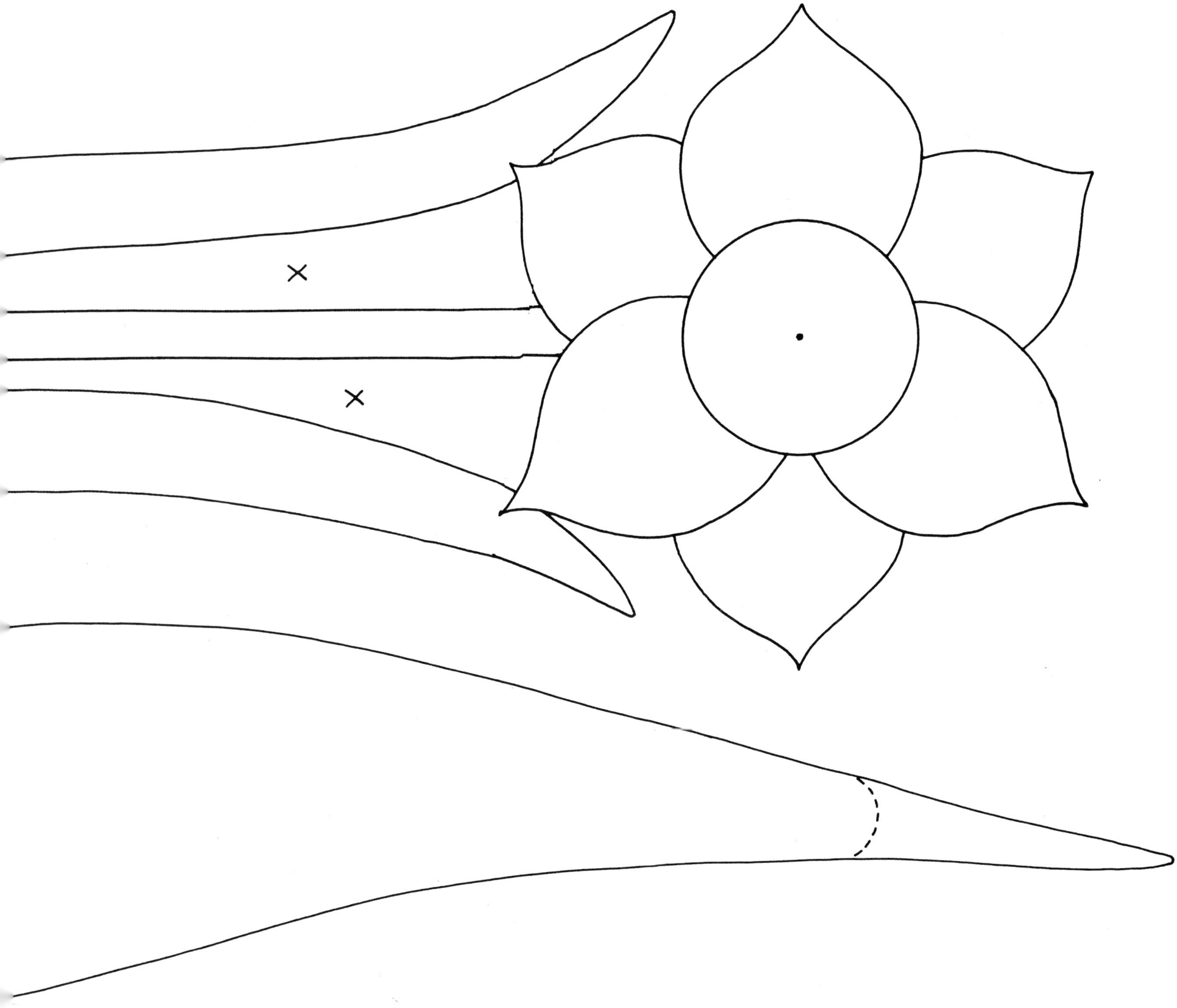

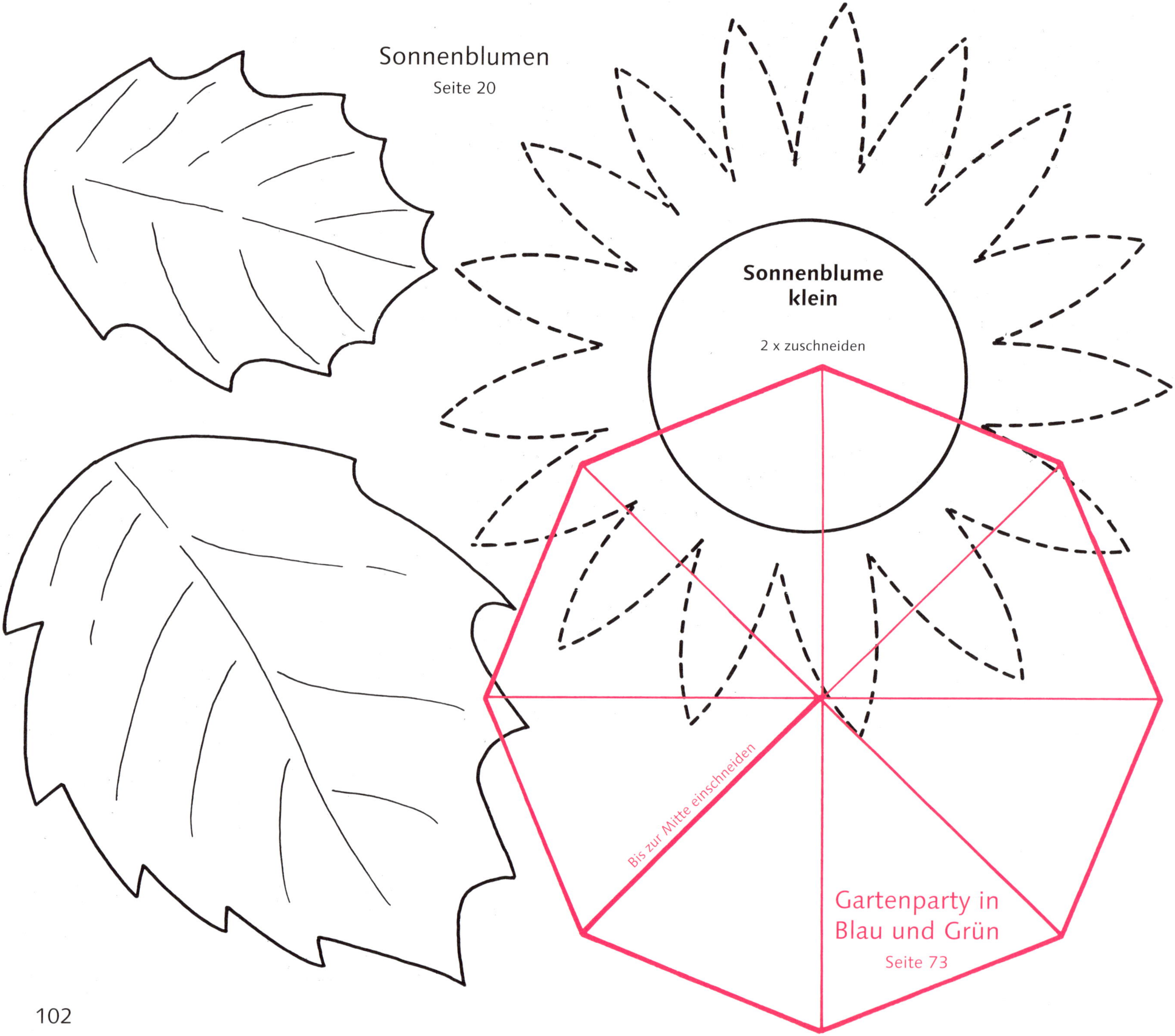
Sonnenblumen
Seite 20
Sonnenblume klein
2 x zuschneiden
Bis zur Mitte einschneiden
Gartenparty in Blau und Grün
Seite 73

Sonnenblumen

Seite 20

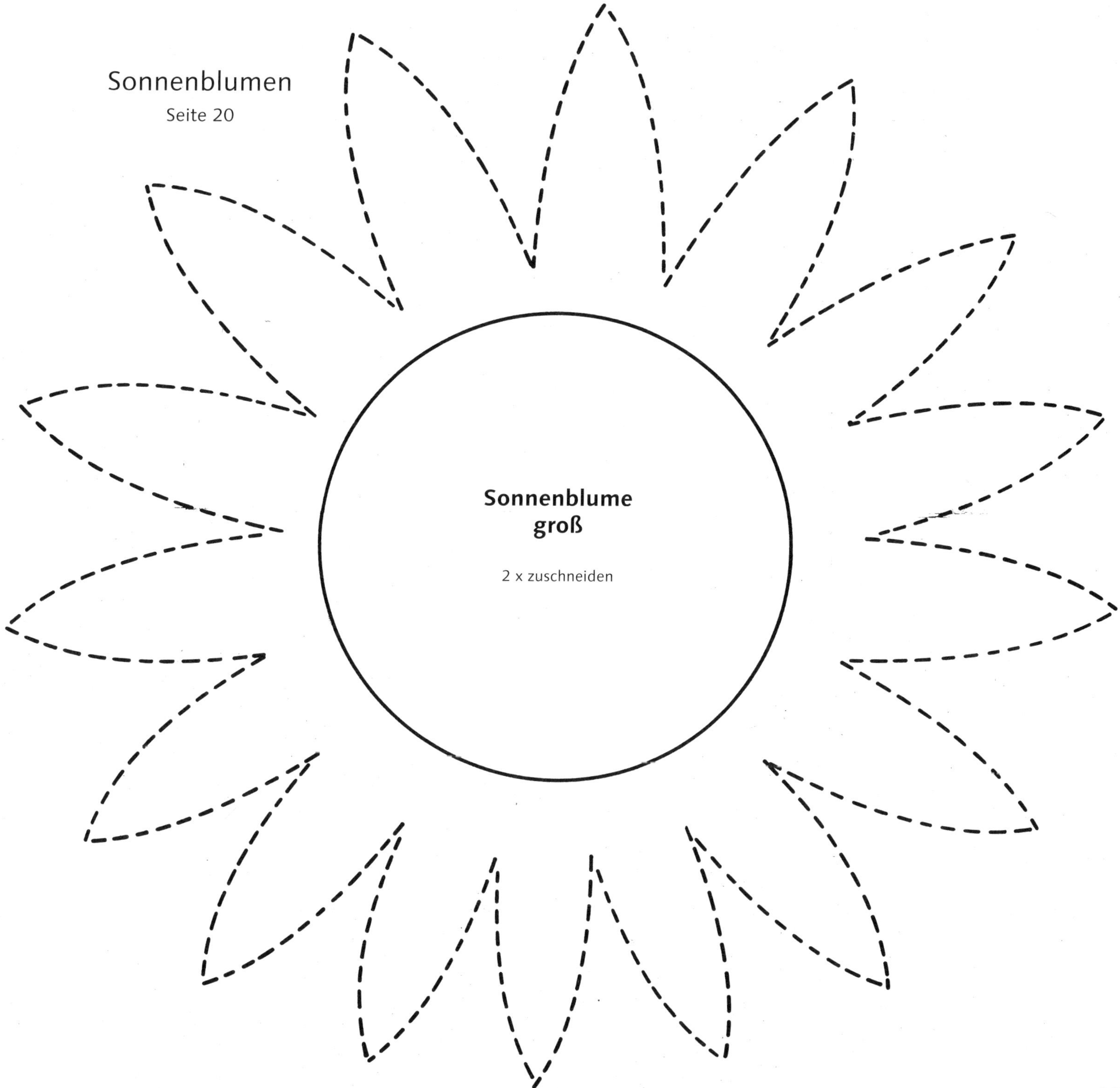

Kakteentöpfe

Seite 56

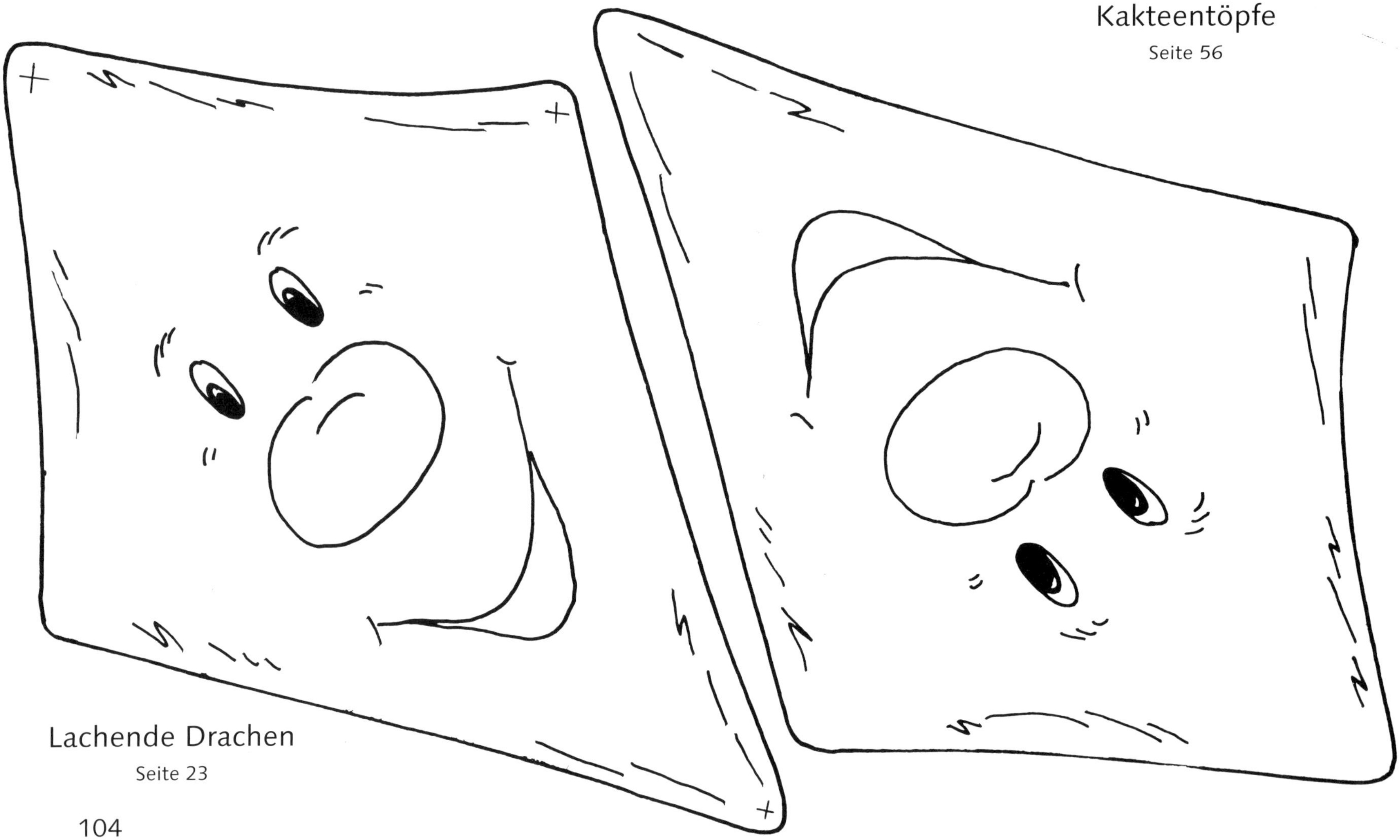

Lachende Drachen

Seite 23

Terrakotta-Töpfe
mit Blumendekor
Seite 56

Lachende Drachen
Seite 23

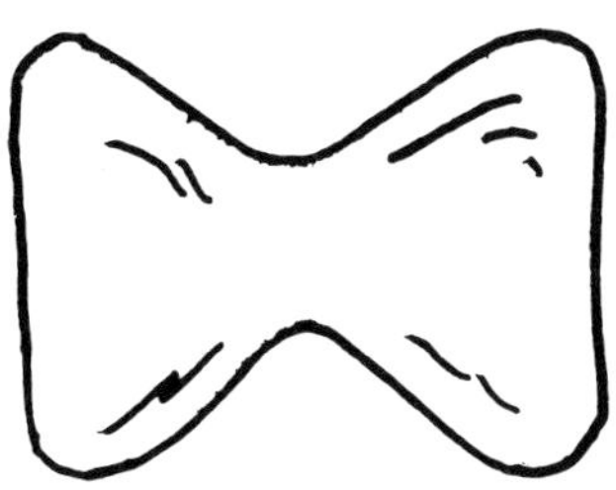

Fred, die Vogelscheuche

Seite 24

Vorlagen bitte auf 200 % vergrößern

Schauriges
Halloween
Seite 32
Vorlagen bitte auf
154 % vergrößern

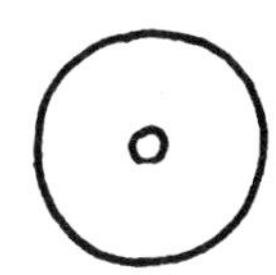

Zum Fürchten?

Seite 25

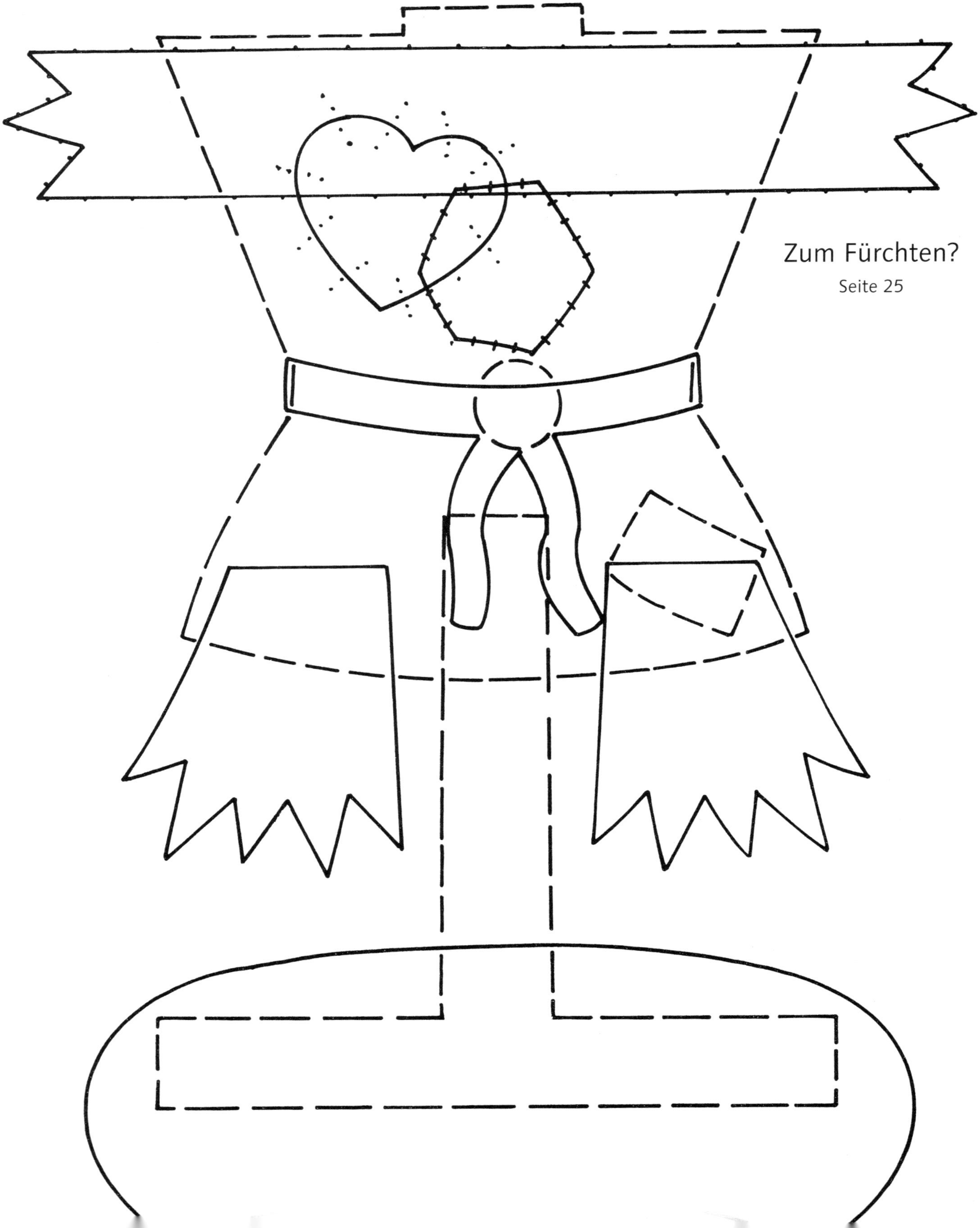

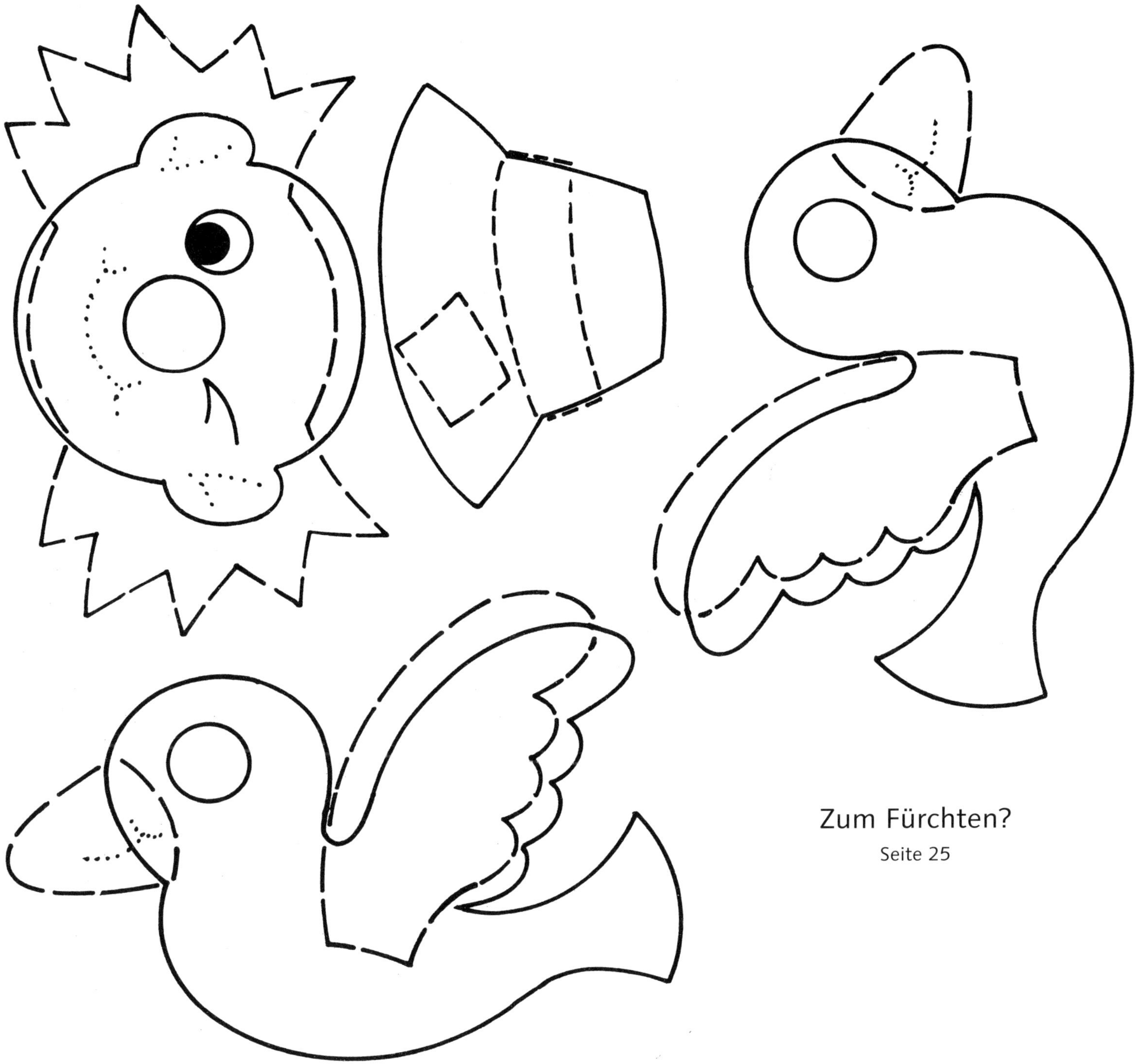

Zum Fürchten?

Seite 25

Vogelscheuche
und Freunde

Seite 26/27

Kleine
Vogelscheuche

Vorlagen bitte auf
111 % vergrößern

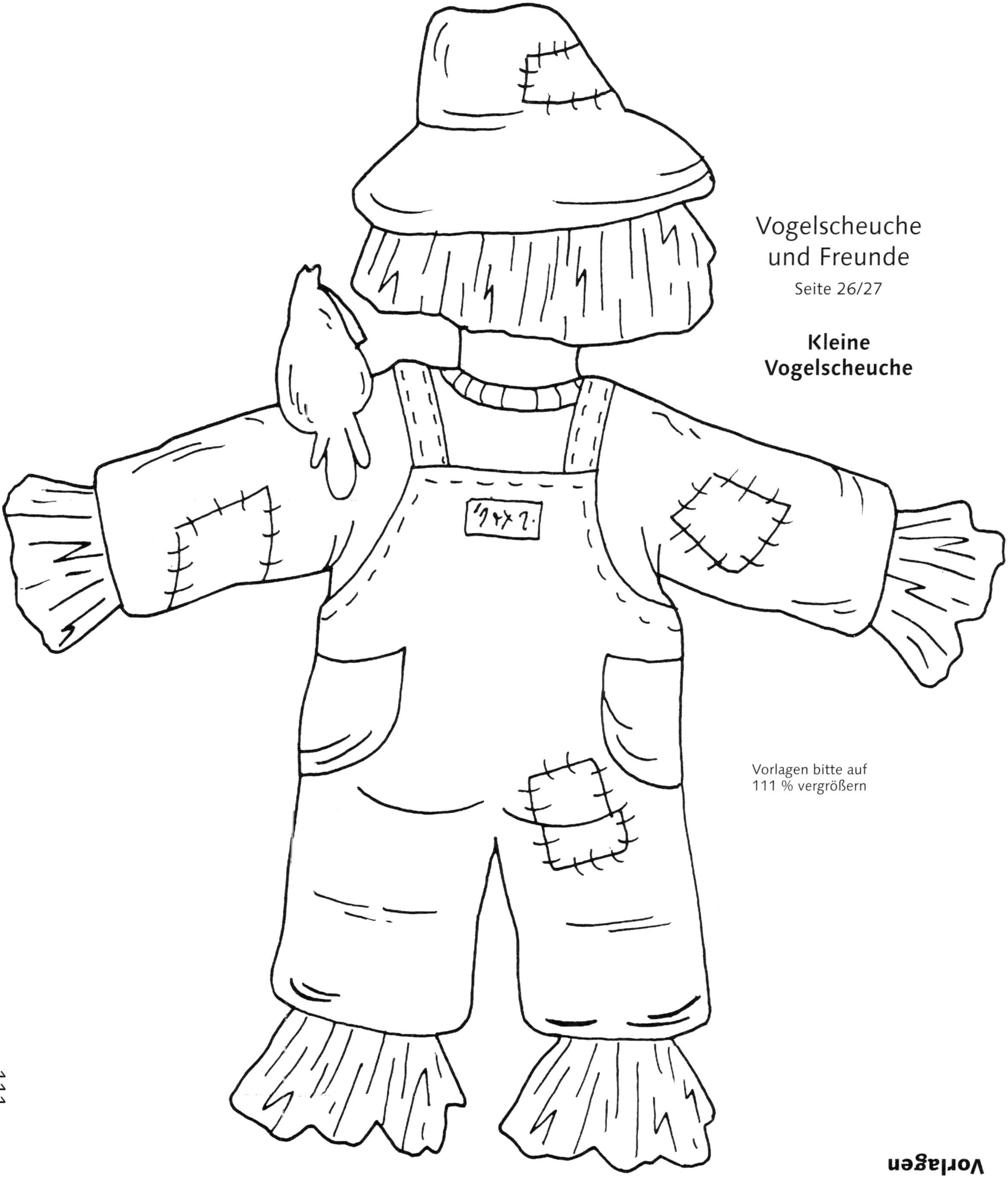

Vogelscheuche
und Freunde
Seite 26/27

Kleine Vogelscheuche

Vorlagen bitte auf
111 % vergrößern

Vogelscheuche
und Freunde

Seite 26/27

Große Vogelscheuche

Vorlagen bitte auf
165 % vergrößern

Vogelscheuche
und Freunde

Seite 26/27

Große Vogelscheuche

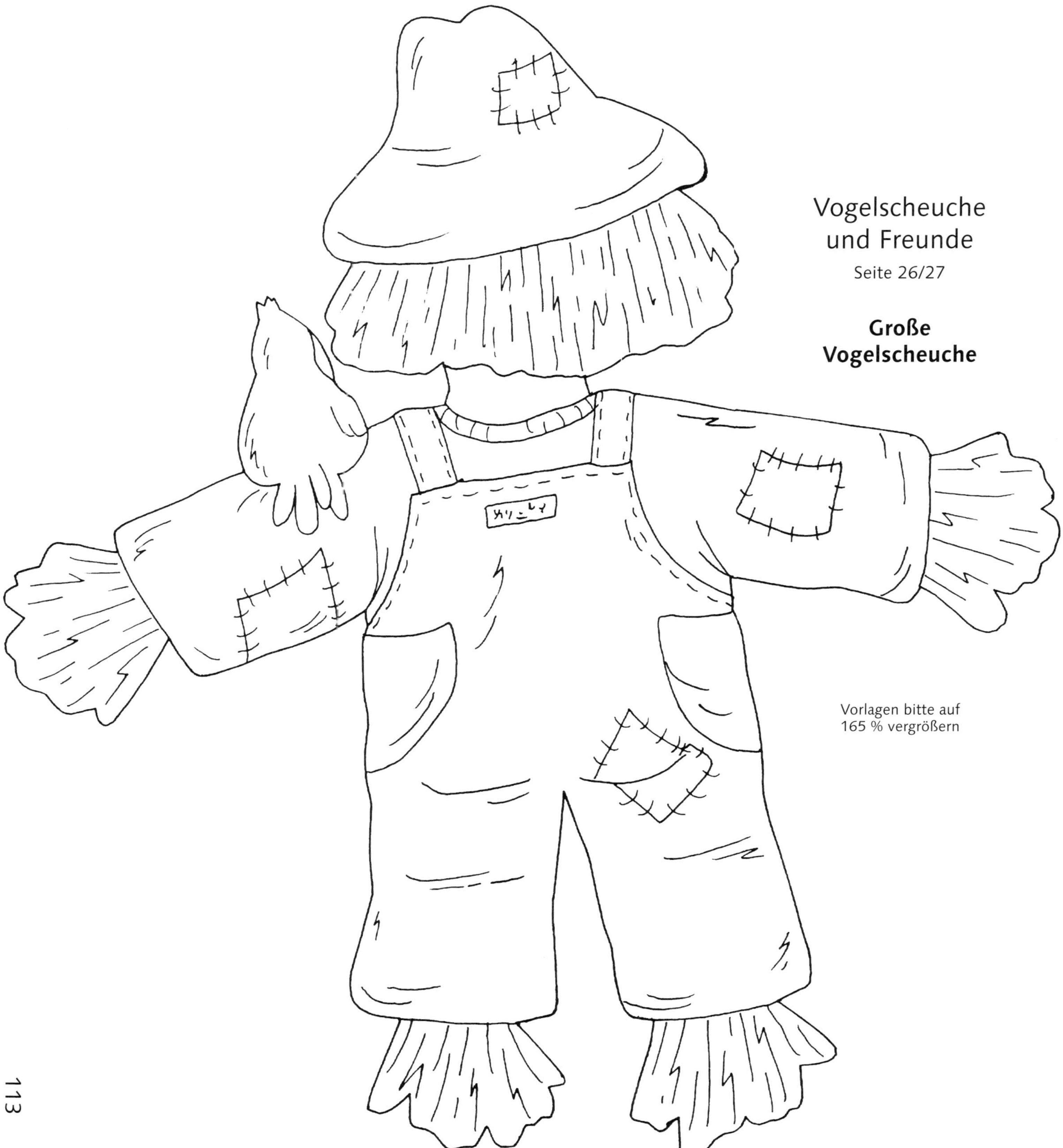

Vorlagen bitte auf
165 % vergrößern

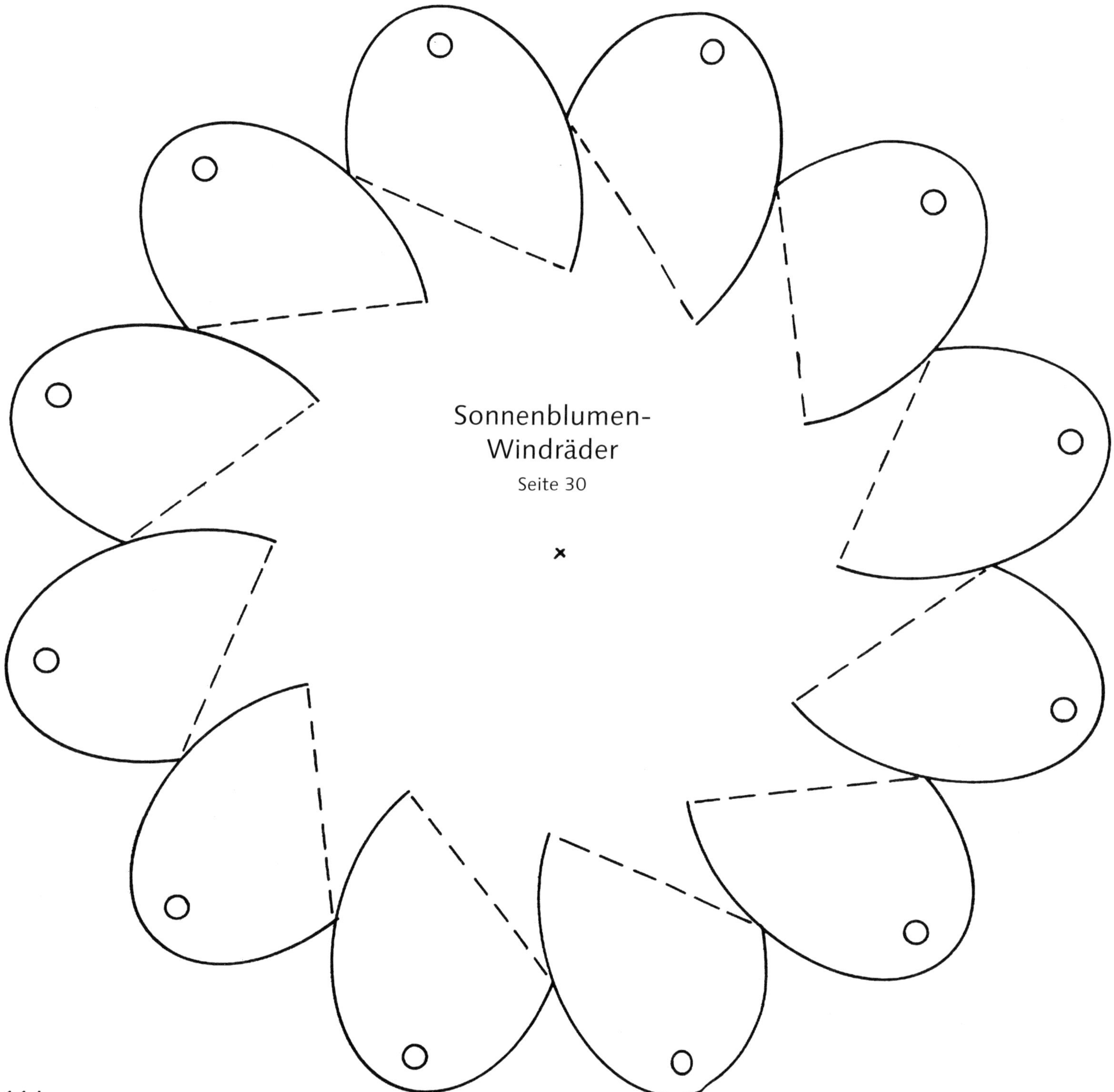
Sonnenblumen-
Windräder
Seite 30

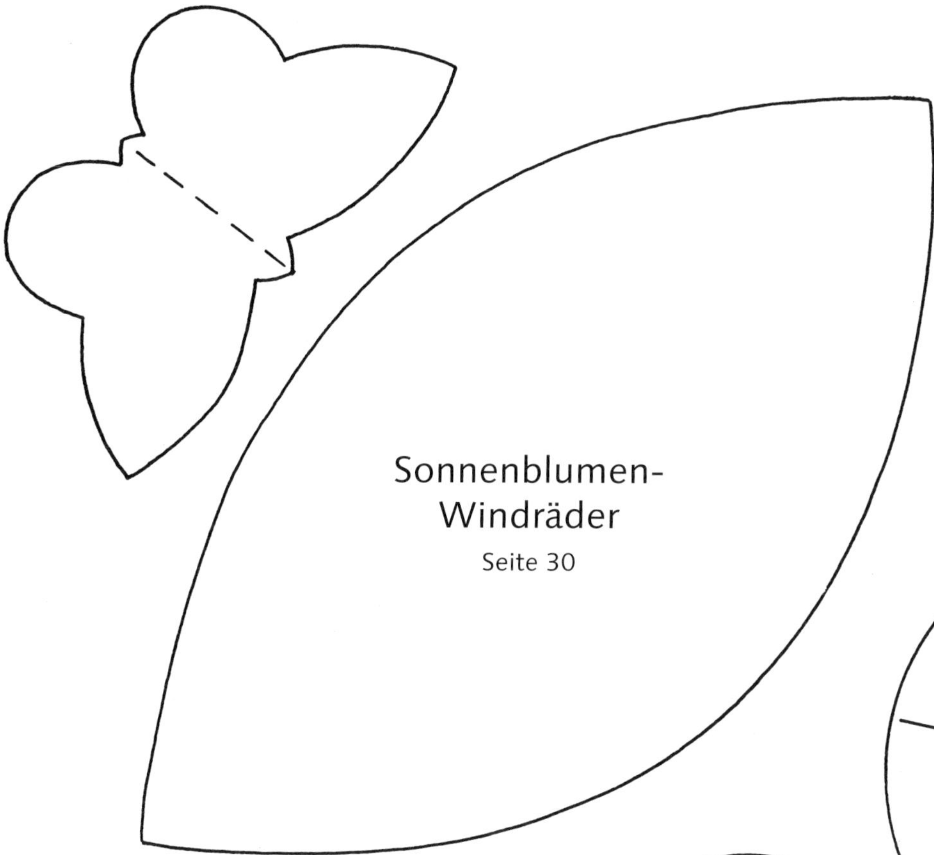

Sonnenblumen-Windräder

Seite 30

Buntes Windrad

Seite 31

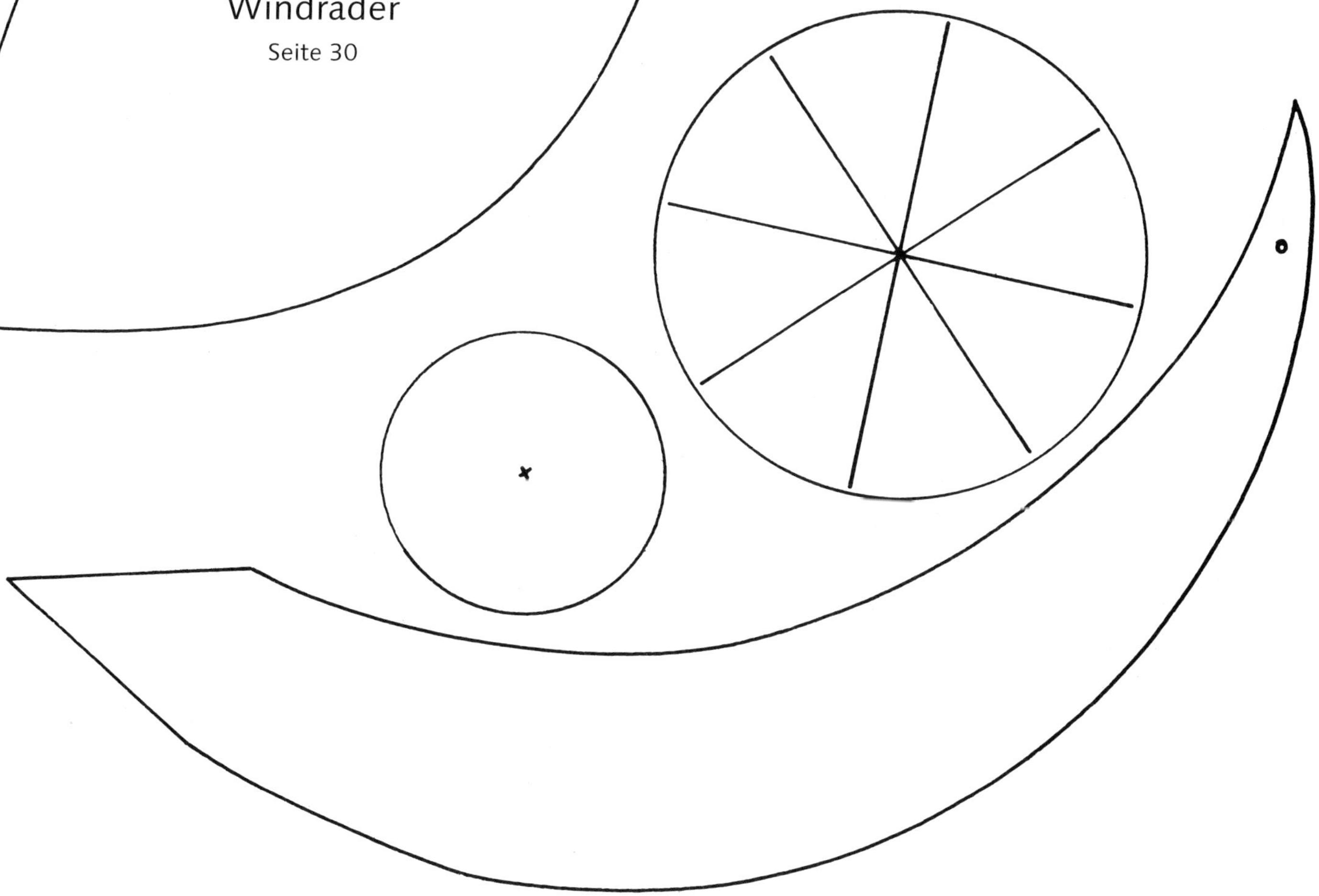

Windräder in
Sternenform
Seite 33

Freundliches
Welcome-Schild
Seite 83

Schriftzug

Willkommens-
Geister
Seite 47

Kranz

Leuchtende
Kürbisse
Seite 49

Kürbis mit Lichterkette

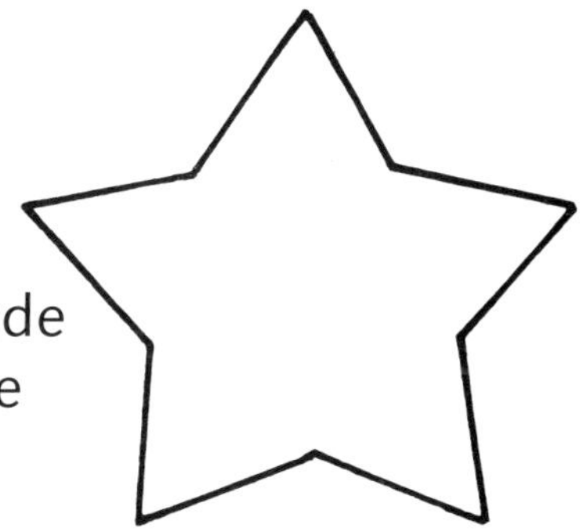

Leuchtende
Kürbisse
Seite 48

Kürbisse

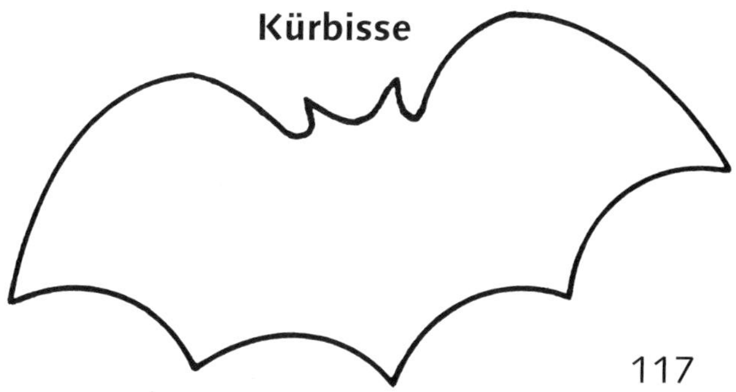

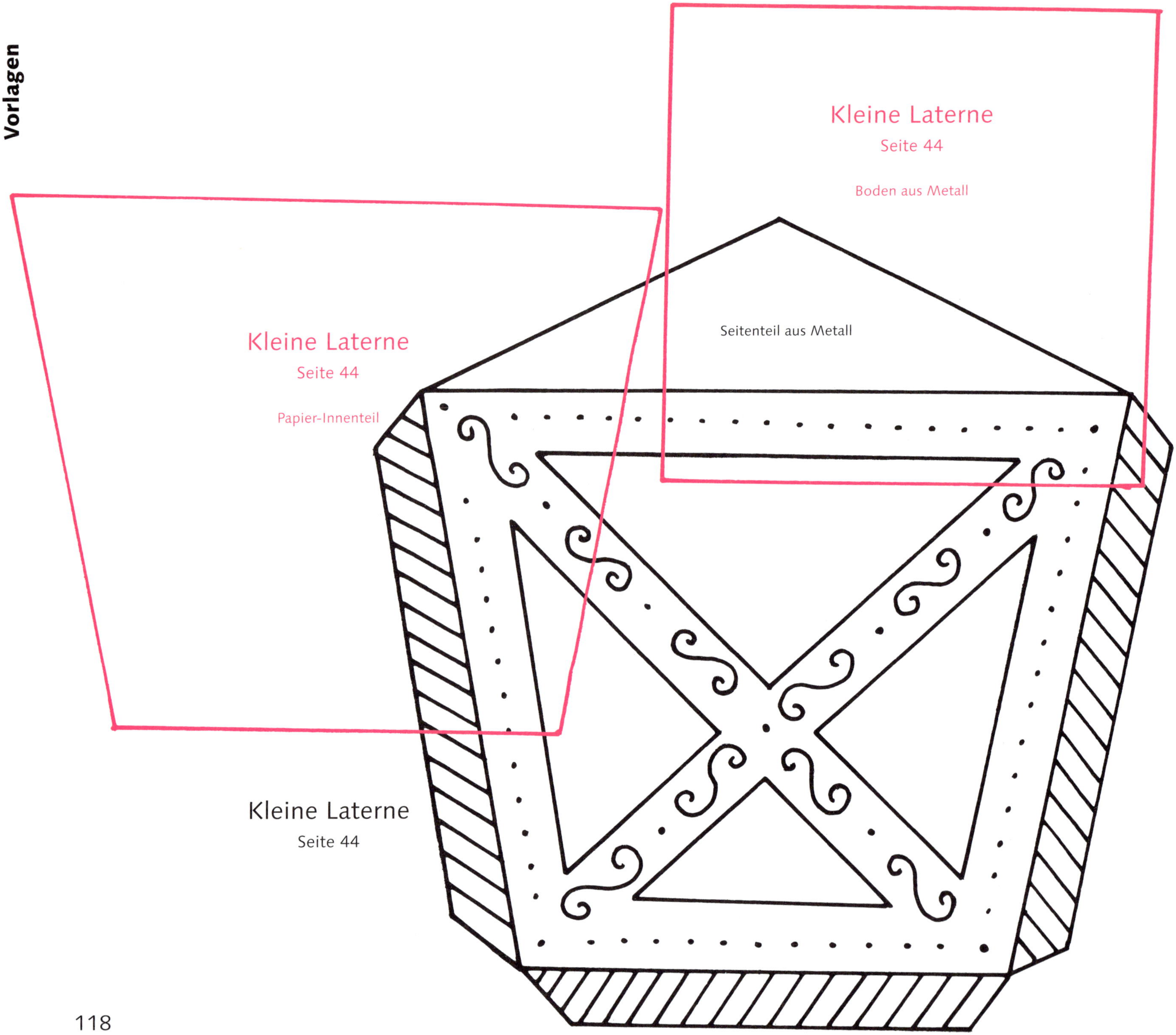
Kleine Laterne
Seite 44
Boden aus Metall
Seitenteil aus Metall
Kleine Laterne
Seite 44
Papier-Innenteil
Kleine Laterne
Seite 44

Tischlampe
Seite 44
Boden aus Metall
Tischlampe
Seite 44
Papier-Innenteil
Tischlampe
Seite 44
Seitenteil aus Metall

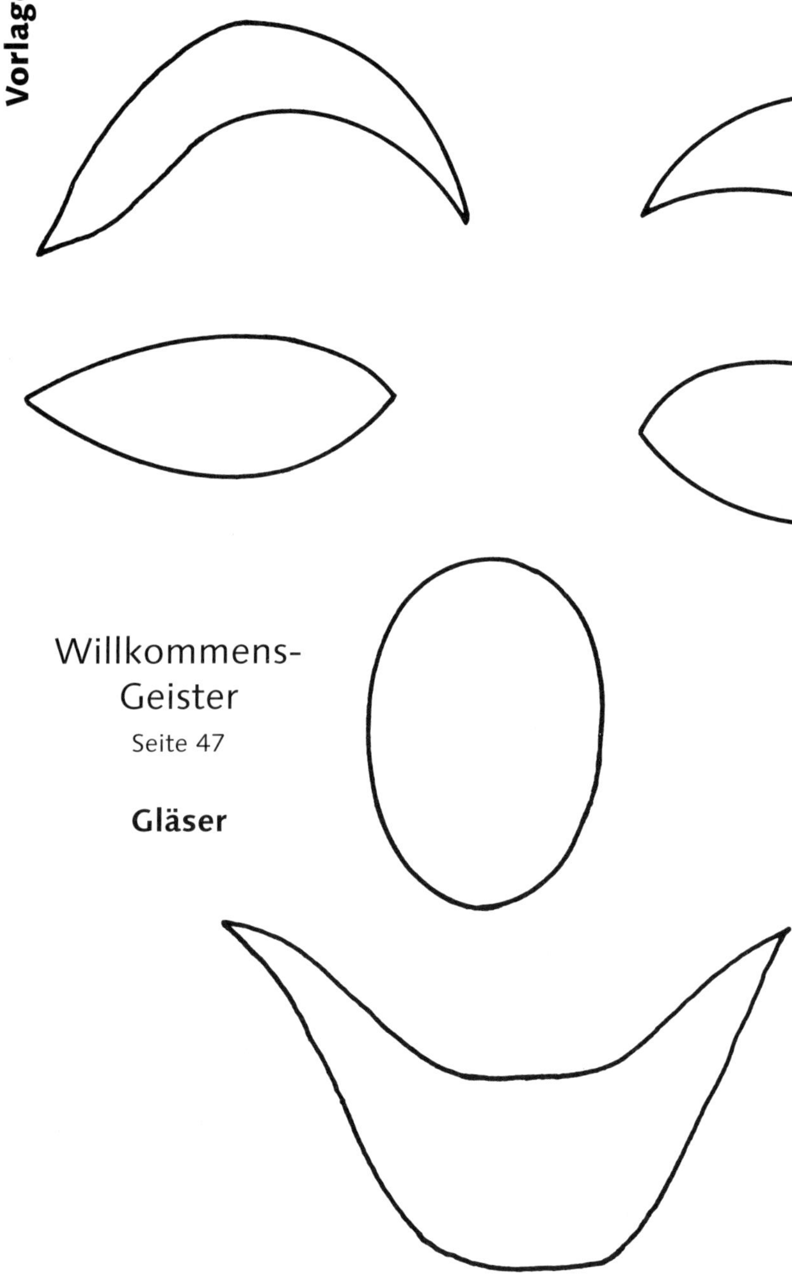

Willkommens-
Geister
Seite 47

Gläser

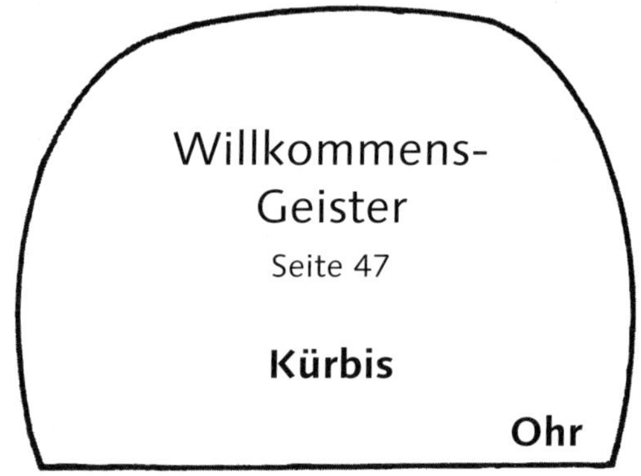

Willkommens-
Geister
Seite 47

Kürbis

Ohr

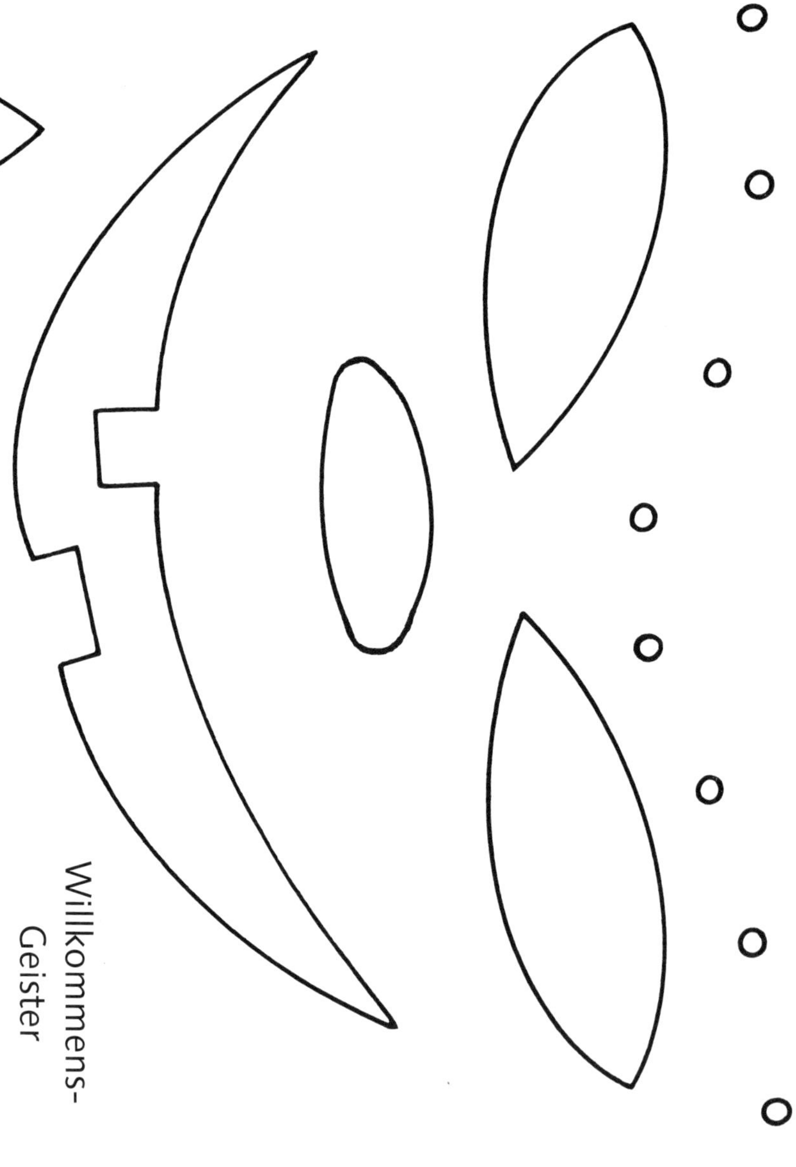

Willkommens-
Geister
Seite 47

Kürbis

Willkommens-Geister

Seite 47

Gläser

Blaue Sommernachts-Träume

Seite 34

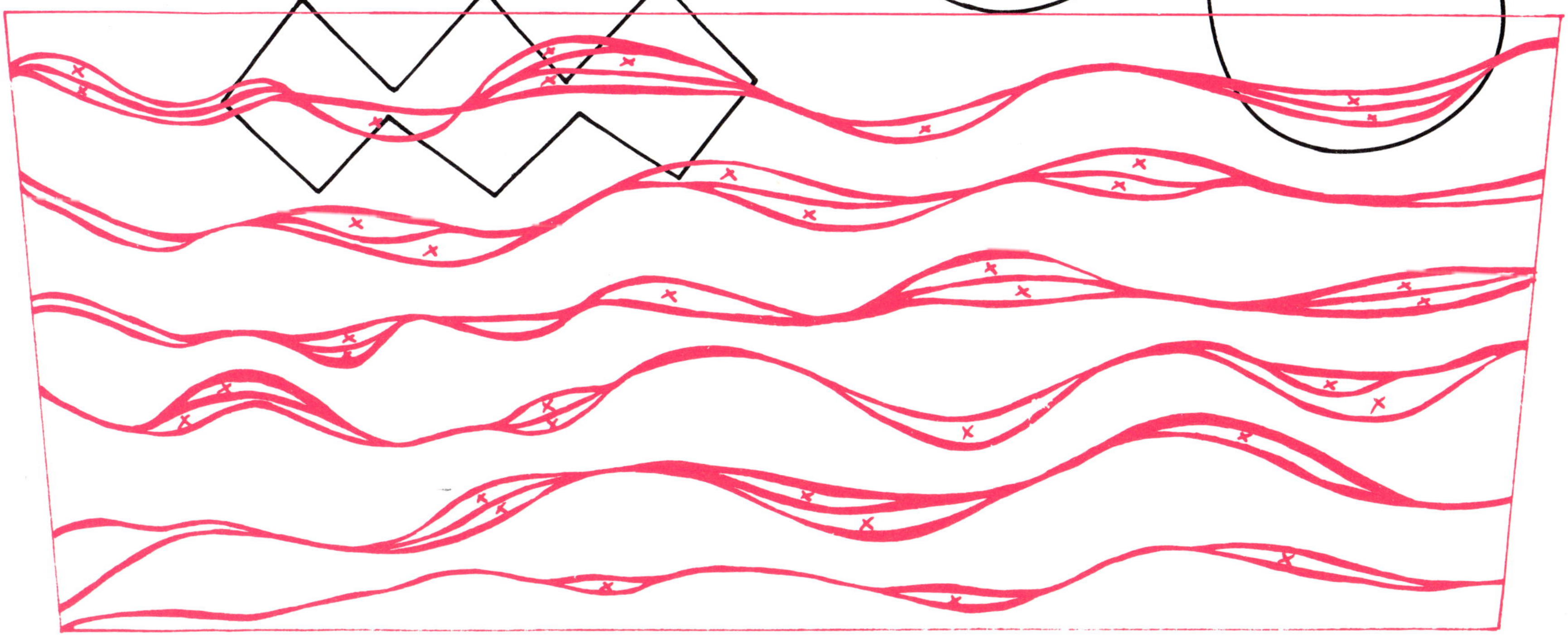

Tropfenperlen in Windowcolor-Wellen eingebettet

Lasst Blumen sprechen
Seite 50

Kakteengrüße

Lasst Blumen sprechen
Seite 50

Tulpenblüte

Lasst Blumen sprechen

Seite 50

Siesta

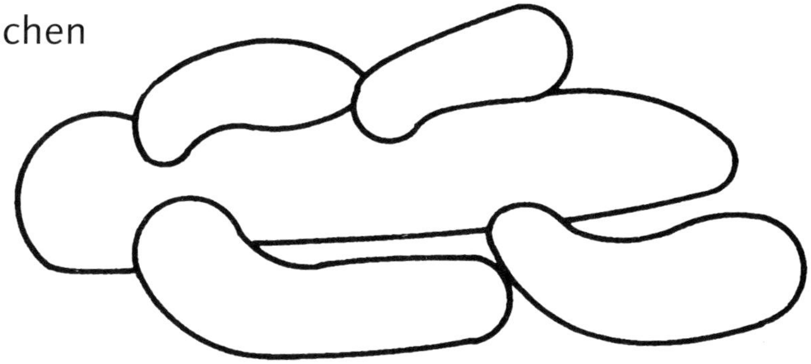

Herbst-Blüte

Seite 66

Kürbis

Auf dem Lande

Seite 51

Zwerg im Schmetterlingsland

Auf dem Lande

Seite 51

Hahn und Henne

Die Post ist da!

Seite 77

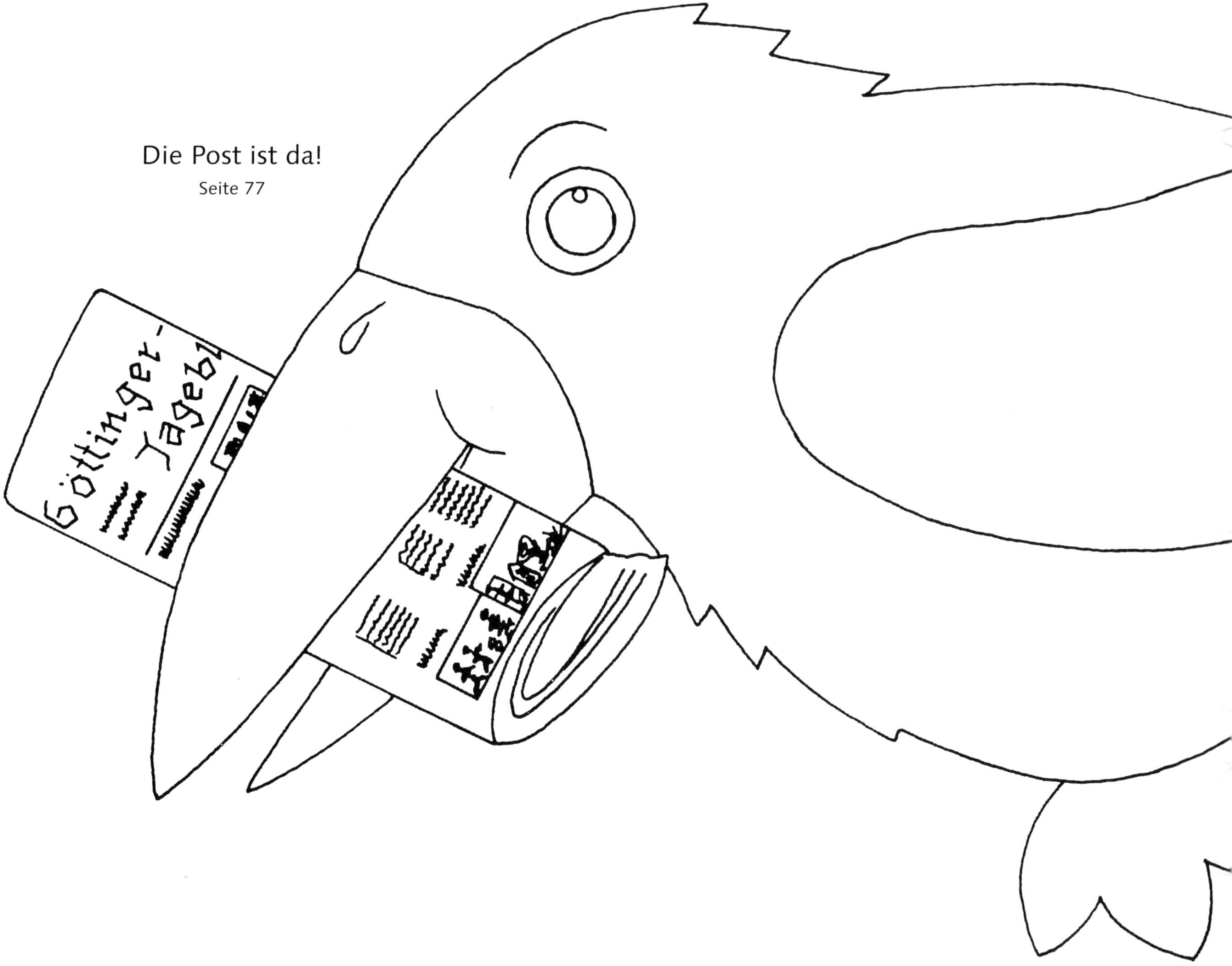

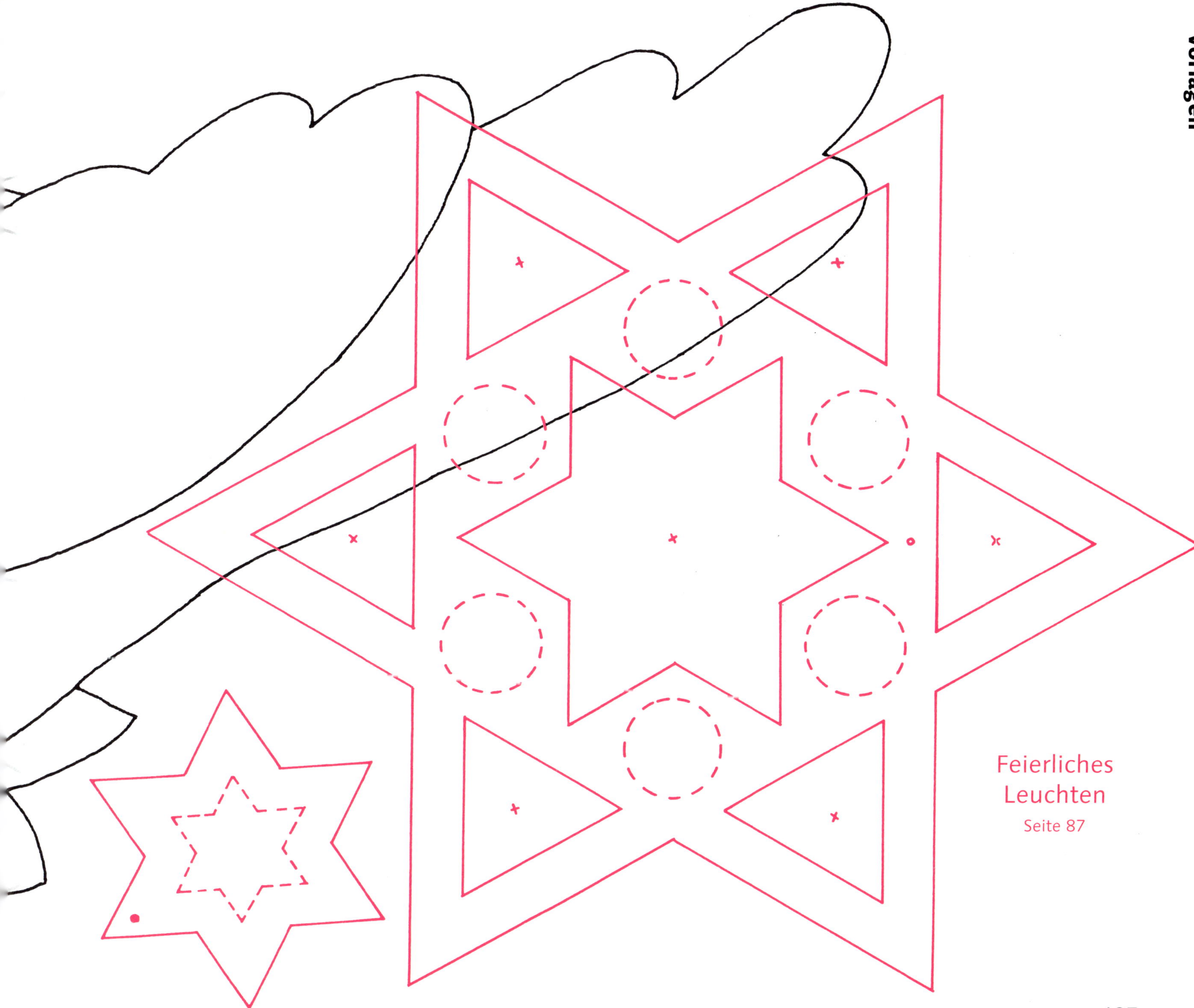

Feierliches Leuchten
Seite 87

Herzlich
Willkommen!
Seite 84

Vorlagen bitte auf 178 % vergrößern

Herzlich
Willkommen!
Seite 84

Vorlagen bitte auf 178 %
vergrößern

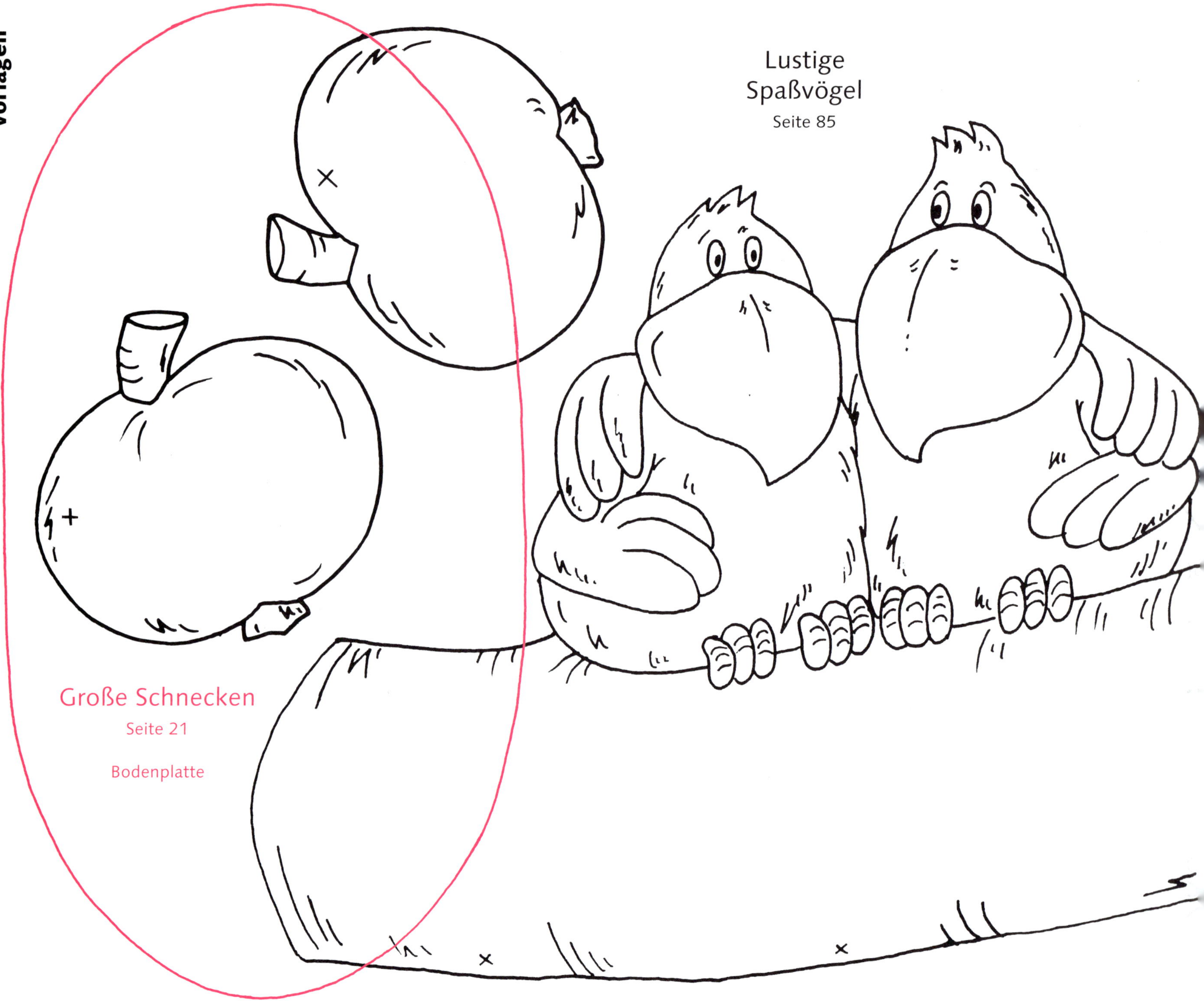
Lustige
Spaßvögel
Seite 85
Große Schnecken
Seite 21
Bodenplatte

Türkranz
Seite 86

Große Schnecken
Seite 21
Gestreiftes Windrad
Seite 29